Jardines
de Colombia

Jardines
de Colombia

Villegas editores

Dirección, diseño y edición
BENJAMIN VILLEGAS

Fotografía general
CLAUDIA URIBE TOURI

Textos
JUAN GUSTAVO COBO-BORDA
CECILIA MEJIA HERNANDEZ

Textos de ilustraciones y solapas
ALFONSO ROBLEDO ANZOLA

Libro creado, desarrollado y editado en Colombia por
© VILLEGAS EDITORES 1996
Avenida 82 No. 11-50, Interior 3
Conmutador 616 1788. Fax 616 0020
Bogotá D.C., Colombia
e-mail: villedi@cable.net.co

www.villegaseditores.com

Diagramación
MERCEDES CEDEÑO

Coordinación gráfica
PILAR GOMEZ

Asesoría especial
ALFONSO ROBLEDO ANZOLA

Primera edición
noviembre de 1996

Segunda edición
noviembre de 2001

ISBN
958-9393-09-8

El editor agradece muy especialmente a
TEXACO,
COMPAQ,
CORONA
el patrocinio institucional
de la primera edición de esta obra.

Carátula, Cartagena, Bolívar.
Contracarátula, Tabio, Cundinamarca.
Página 1, Madrid, Cundinamarca.
Páginas 2/3, Bojacá, Cundinamarca.
Páginas 4/5, Bojacá, Cundinamarca.

CONTENIDO

𝓛a vegetación, que suaviza la dureza de la arquitectura y los rigores del clima, ha sido siempre, y será, uno de los motivos dominantes en la concepción de los jardines en todas las latitudes.

Sin la sombra protectora de los árboles, los espacios exteriores en los ardientes climas de las tierras cálidas difícilmente podrían ser utilizados como prolongaciones de la casa en las horas diurnas.

Casa de huéspedes ilustres.
Cartagena, Bolívar.

EL JARDIN DE LAS DELICIAS

l principio fue el paraíso. Así comienzan tanto el mundo como el libro clásico de Enge y Schröer sobre la arquitectura de los jardines en Europa. Así comienza también esta historia maravillosa.

Ahora bien, partamos de una pregunta inocente: ¿tenemos jardines en Colombia? Cuando la formulé a aquellas personas interesadas en el tema, obtuve respuestas diametralmente distintas. Para unos, los menos, los jardines obedecen todavía a la vieja estructura babilónica, con terrazas escalonadas y árboles colgantes. Para otros, los más, Colombia es un jardín, de tal manera que recortar el paisaje y limitarlo a un ámbito marcado por cuatro paredes constituye -casi- un atentado contra la naturaleza. Para los menos, los jardines son una construcción. En China, siguiendo las enseñanzas de Tao, se hicieron a partir del agua y de la piedra y buscaron crear una atmósfera de recogimiento y soledad. En Japón se levantaron sobre colinas o sobre explanadas y se preocuparon por crear un ambiente natural. En Grecia se desarrollaron alrededor de los templos, como una prolongación del sitio sagrado. En la Roma antigua comenzaron a ser de uso particular, con avenidas bordeadas de árboles, pabellones secretos, fuentes de agua y juegos de sombras, hasta que la necesidad de competir con las grandes ciudades helénicas movió a los arquitectos a pensarlos como jardines públicos para el recreo de los ciudadanos. *Las Mil y Una Noches* son una obra escrita alrededor de jardines exóticos, llenos de árboles y de flores perfumadas, de fuentes de agua, y de pasadizos cómplices para el amor y la muerte. En Europa comenzaron, a la manera griega, como una extensión de abadías y catedrales, hasta que los nobles los convirtieron en sitios privados, donde permanecían sus aburridas mujeres virginales mientras ellos hacían en otra parte el amor y la guerra. Luego vinieron jardines que marcaron algunos hitos de importancia en la conformación de las nacionalidades. Los italianos construyeron en ellos grutas artificiales, escondieron pabellones bajo el follaje, y ubicaron cuidadosamente piedras y mármoles de tal manera que parecieran puestos allí desde la época de los Césares. La demostración de esta idea está en *Bomarzo*, donde Mujica Laínez narra el delirio de los Orsini alrededor del arte pero también de la crueldad de la vida. Más tarde, en los siglos XVII y XVIII, Francia hizo de ellos una expresión acabada de la geometría, con parterres en enormes cuadrados, triángulos y rectángulos, con interminables estanques apacibles y bosques artificiales que no se

La Tebaida, Quindío.

preocuparon en absoluto por ocultar su condición artificiosa. De tal manera, Versalles se convirtió en un sitio de peregrinación obligada para quienes buscaron entender la concepción del mundo de los Luises y su relación con el poder y con el universo. Y por último, en el siglo XIX, el espíritu romántico que predominó en todos los órdenes, permitió que Inglaterra le diera cabida en sus jardines a la simulación (sólo a la simulación) de un regreso espontáneo a la naturaleza.

Pero los partidarios de esta tesis olvidan, por descontado, una serie de asuntos esenciales señalados por El Bosco en *El Jardín de las Delicias*. En él los elementos botánicos y geológicos: montañas, lagos apacibles, bosques de árboles hermosos, depresiones, colinas, explanadas, céspedes cuidadosamente mantenidos, frutas de diverso orden y riberas bordeadas de flores, están polucionados por la presencia del hombre, de tal manera que las aguas termales se convierten en aguas del infierno donde pululan los condenados al fuego eterno, y sobre las verdes praderas y los desiertos incipientes desfilan centenares de seres humanos que, colocados en ese contexto preciso, quedan convertidos de un solo trazo en elementos de una nueva zoología fantástica.

Ese jardín, tocado por la mano del hombre, es una pesadilla. A partir de dicha observación podría pensarse que tienen razón aquellos que sostienen la segunda tesis, siempre y cuando no se deseche la equívoca posibilidad de que Suiza, para poner un ejemplo cualquiera, con su naturaleza peinada, sus piedras colocadas juiciosamente donde deben estar, sus podados prados y sus ríos impecables, podría ser una expresión exacta de lo que quiso decir El Bosco, mientras que Colombia, con sus volcanes sorpresivos, sus tornadizos torrentes, sus inagotables recursos naturales, sus selvas inhóspitas y sus nevados inaccesibles, llegaría a ser, con facilidad, un nuevo Jardín del Infortunio.

Todo ello, claro está, sirve para conversar, para elaborar teorías y lucubraciones, pero deja por fuera nuestra realidad monda y lironda, que, por lo demás, no nos es exclusiva. En efecto, no somos el paraíso (tesis peligrosa que, si se extrema, nos puede conducir a una parálisis ruinosa), pero tampoco necesitamos volver a Babilonia para demostrar lo que podemos hacer y dejar de hacer en ese campo.

Jardines de Colombia incluye varias muestras representativas de lo que son esos espacios moldeados por la mano del hombre. La investigación, que se adelantó en forma rigurosa y que, como en casos anteriores, partió de una intuición en torno a las posibilidades todavía inexploradas del tema, tuvo en cuenta nuestra diversidad topográfica, climática, humana y regional, marcó los distintos tipos de caracteres, e hizo énfasis particular sobre aquellos sitios y personas que conservan todavía una relación cercana con la naturaleza: los pueblos, los pequeños municipios, las fincas y haciendas los

Si se quisiera identificar la característica distintiva del jardín doméstico colombiano, habría que convenir en que ésta no es otra que un marcado eclecticismo. Nuestros jardines se han desarrollado a lo largo de los años, de manera casi espontánea, en respuesta a los cambiantes influjos, modas, gustos y posibilidadas de sus propietarios, y aun a bronces franceses con cerámicas precolombinas, fuentes formales con saltos de Tequendama en miniatura, mobiliario de todas las procedencias, plantas nativas y exóticas en desordenado

Museo El Chicó, Bogotá.

tropel, unas traídas de Europa y otras del paseo dominical a la montaña, bonsais y topiarios, platabandas, arriates a la inglesa y a la francesa, senderos axiales y naturales, todo ello, casi siempre, en ausencia de cualquier amago de un plan ordenador. El resultado, como se verá en las páginas de este libro, no puede haber sido más afortunado: bellísimos y gratos espacios que han hecho, y siguen haciendo, las delicias de varias generaciones con la ayuda de los privilegiados climas del país.

labriegos, las gentes sencillas, entre otras cosas porque son ellos quienes, sabiamente, han sabido rodearse de flores y de plantas. Por eso aquí aparecen, sin discriminación alguna, las ollas llenas de flores que adornan las columnas de las casas solariegas de Antioquia, los grandes árboles tapizados de orquídeas (habituales en los jardines de los climas medios), los desorganizados patios que heredamos de los españoles, y los pretensiosos jardines con influencias europeas o moriscas, por cierto bien asimiladas. Todo ello conforma un panorama que nos permite afirmar, sin duda alguna, que Colombia es también una maravillosa tierra de jardines.

Sobra decir que aquí se ve con claridad cómo este país se preocupa por hacer un mundo mejor, con el único propósito de construir en forma adecuada su futuro. En los jardines que aquí incluimos hay mucho más que un diseño para la elaboración del paisaje. En efecto, hay una expresión colectiva que quiere separarse de lo aciago, del rutinario oficio de vivir, muchas veces absorto en el despropósito de nuestra violencia de cada día, para acercarse a una expresión más acorde con los valores esenciales que hicieron en el pasado la historia de Colombia. Esta es otra forma de expresión lírica. Alguna vez Jorge Rojas, el gran poeta de Piedra y Cielo, le escribió a su enamorada: *Si quieres acercarte más a mi corazón / rodea tu casa de árboles.* Sin mencionarlos, le hablaba de jardines, jardines que tanto en la escritura como en la vida real pueden ser vegetales, o un conjunto de edificios ideados para el misterio o el sosiego, o una simple construcción emocionada de palabras o de imágenes, pero que, en cualquier caso, deberán ser hechos con los elementos del amor.

El trabajo de Schröer se titula "Diseños de un mundo mejor". Y eso es lo que son estos jardines con los cuales las gentes más diversas, en los lugares más inusitados, diseñan -y hacen- un mundo mejor. Nos aproximamos a ellos a partir de conversaciones sostenidas con varios expertos en la materia. Luego de estructurar una línea de acción, de investigación gráfica y de recorridos, y de escuchar toda suerte de consejas y de consejos, de opiniones y de informaciones, fijamos una determinada estructura, ideamos un contenido, buscamos aquellos autores que complementaran las fotografías con un texto excelente, y convertimos todo eso en un libro que contara el cuento que ustedes van a leer -van a vivir- en un instante. Queremos que él les deje un sabor, una sensación y, de ser posible, un mensaje. Porque esta es, en una palabra, nuestra aproximación al paraíso.

BENJAMIN VILLEGAS

La Unión, Cundinamarca.

$\mathcal{L}$a sabiduría china afirma que "Si bien es cierto que existe el noble arte de hacer las cosas, no es menos cierto que también existe el más noble arte de dejar las cosas sin hacer." *Ante la contemplación de este jardín, habría que acuñar una nueva máxima, y es ésta:* "Si bien es cierto que existen el noble arte de hacer las cosas y el más noble arte de dejar las cosas sin hacer, no es menos cierto que, además, existe el supremo arte de hacer las cosas de tal modo que parezca que se han dejado sin hacer."

La Unión, Cundinamarca.

La construcción de
la vía hizo necesario
realizar un corte en la
ladera de la colina, el
que, abandonado a su
suerte, se hubiese podido
convertir en un lunar en
el paisaje. La solución
adoptada –una de varias
posibles– se destaca por
la notable economía en el
lenguaje botánico y
cromático y por la
sorprendente riqueza
formal y paisajística
resultante. Las curvas
paralelas del terraceado
en piedra, resaltadas por
el hermoso colorido
monocromático del
geranio hiedra,
acompañan y prestan
magnificencia a la
amplia curvatura de la
vía.

Madrid, Cundinamarca.

ℐARDIN DE PALABRAS

Entro al jardín. Allí siento el picante aroma de los pinos y la densa ofrenda del magnolio con sus oscuras hojas brillantes de gotas de agua. Ese gigante cáliz vegetal suavizándose en el raso de sus hostias blancas. El jardín, pausa verde entre las duras realidades de ladrillo rojo.

Mi tarea, cuando niño, en la calle 93 de Bogotá, era regar el jardín, a la caída de la tarde. Simétrica teoría de las margaritas. Montículos armados de compactos amarantos. Un Japón pueril desbordándose por la feracidad irreprimible de estas húmedas mesetas andinas. Pronto los contornos se esfuman y todo es apenas una masa tachonada de blancos, de azules, de rosas. De tonos terrestres de altiplano: o violeta o magenta. El ocre o el azul ultramarino, de montañas que la luz última sumerge en la liquidez transparente de su atmósfera. No he salido de aquel jardín. Sus límites, infinitos, constituyen mi mundo. Quiero volver a entrar en aquel jardín.

Un jardín que sea como el *Jardín* que Octavio Paz nos cuenta en su poema de tal título:

> *"Nubes a la deriva, continentes*
> *sonámbulos, países sin substancia*
> *ni peso, geografías dibujadas*
> *por el sol y borradas por el viento.*
>
> *Cuatro muros de adobe. Buganvillas:*
> *en sus llamas pacíficas mis ojos*
> *se bañan. Pasa el aire entre murmullos*
> *de follajes y yerbas de rodillas.*
>
> *El heliotropo con morados pasos*
> *cruza envuelto en su aroma. Hay un profeta:*
> *el fresno - y un meditabundo: el pino.*
> *El jardín es pequeño, el cielo inmenso.*

*L*a penumbra del
corredor, elemento
característico de unión
entre el jardín y la casa
de clima medio, contrasta
con la luminosidad del
jardín. Con una notable
sobriedad en el manejo
del color y el énfasis
puesto en los contrastes
de texturas y tonalidades
del verde, se ha logrado
captar aquí un vivo
ejemplo de la riqueza de
los ecosistemas del
neotrópico americano.

Medellín, Antioquia.

Verdor sobreviviente en mis escombros:

en mis ojos te miras y te tocas,

te conoces en mí y en mí te piensas,

en mí duras y en mí te desvaneces".

Un jardín es un cuerpo vivo, que recorremos con asombro. Lo definen la vista, el tacto, un aroma inconfundible, una hierba que se nos enreda en la botamanga del pantalón. Como Dafne, el jardín quiere atraparnos.

Y sobre todo, la certeza corporal de estar envueltos en una matriz universal: la naturaleza misma. Cuando hace frío, con calidez de invernadero. Cuando hace calor, con caricia de brisa recién bañada. En el jardín volvemos a vivir. Respiramos distendidos y acordes con el ritmo de los pies, al caminar. Con la música de la mente, al sentarnos, y mirar en torno nuestro. Escuchamos, en todo cuanto se mueve, nuestra propia voz rimando con el mundo. En el jardín la paz no nos adormece. Aguza, por el contrario, la sensibilidad, al máximo. Incluso en el bordoneo de los insectos, en la duermevela. En el canto del pájaro, cuando nos despierta. En el perenne rumor de su fuente, que viene desde Córdoba y Granada, venciendo al desierto, atraviesa el Atlántico y aquí continúa, en la Casa de Huéspedes en Cartagena. El mismo fluir a la vez cantarino y sabio.

Senen Simancas Zabaleta, nativo de Rocha, cerca de Arjona, me habla de los jardines de la Costa. Me dice cómo, sobre la aridez del caracolejo de mar, se aplicó la zahorra de Turbaco; y sobre ella fue creciendo, al lado del reflujo sempiterno del mar, el plumaje de la lluvia de fuego, el chorrillo, el coral rosado, el bonche variado, el croto común, el azahar de la India, con sus pepitas rojas, la flor de La Habana y el mangle, y la cariza, con saborcito marroso que se la comen las iguanas.

Y allí detrás, como telón de fondo, robles y almendros, palma areca y caucho para que a sus pies se extienda la alfombra verde del esparro y los cortejos con su timidez violeta.

Hay un jardín real y un jardín imaginario: en ambos moramos. El jardín de la costa caribe colombiana y el jardín que tejen las palabras. Un jardín es tan sólo un lenguaje que habla. Que dice palabras tan irreversibles y hermosas como el acanto, de color hueso, o musaenda, con su delicada y sugerente insinuación de gasa al flotar en el viento. De cuadro de Claude Monet (Mujer con parasol) donde mujer y sombrillas se envuelven entre los círculos blancos y la hierba hierve firme a sus pies al sostener todo un mundo que levita cintelleante. Esa mirada de niño en que arden todos los colores. Así la vio Alejandra Pizarnik en su poema *Niña en el Jardín*.

*℮ste entrañable
exponente del legado
arquitectónico adquiere
realce por medio del
contraste entre el blanco
enjalbegado de sus muros
y el vibrante rojo del
holly norteamericano. Al
fondo se destaca el verde
neutro del pino
canadiense, el urapán
chino y el eucalipto
australiano. En primer
plano un retamo español,
arbusto que se ha hecho
subespontáneo en regiones
de clima frío. En este
ambiente cosmopolita, el
humilde pimiento
boyacense se empina al
frente de la torre añeja y
el cachaco repta al pie de
la tapia buscando un
rayo de sol para lucir sus*

Sogamoso, Boyacá.

"Un claro en un jardín oscuro o un pequeño espacio de luz entre hojas negras.

Allí estoy yo, dueña de mis cuatro años, señora de los pájaros celestes y de los pájaros rojos. Al más hermoso le digo:

– Te voy a regalar a no sé quién.
– ¿Cómo sabes que le gustaré? –dice.
– Voy a regalarte –digo.
– Nunca tendrás a quien regalar un pájaro –dice el pájaro".

Allí también, en la costa, un jardín poblado de pájaros negro-azabache. Las María-Mulatas que llenan la atmósfera, saturan el oído y superan, en intensidad cromática, las flores de pronto pálidas, la vegetación mustia ante el desafuero incandescente con que las aves tejen ramas de música, lianas de sonidos armónicamente desgranados. Este concierto arrebatado supera los lenguajes vegetales. Todo el ámbito comienza a mecerse en su vaivén enfervorizado: el sonido va de rama en rama. Entre la maleza teje su pentagrama.

Por ello, en la costa, también las enredaderas suspiran y abren sus pulmones al mismo compás con que la brisa bate el óleo espeso del mar. La contenida respiración del artista antes de aplicar un nuevo color para fijar, en vano, el aliento del mundo. ¿Cómo pintar un jardín con palabras?

Desde su balcón, frente a la bahía, y arrebatado por nubes de luz que seducen la vista hasta perderla en su luminosidad devoradora, Jorge Elías Triana, a punto de ser operado de cataratas, pinta caballos azules y montañas naranjas. Los mismos de Gauguin. Los mismos de su Tolima natal. De Tolima a Cartagena, Colombia es aquel país donde el verde es de todos los colores.

La pintura no compite con la naturaleza. Crea otra naturaleza, más asible y compacta. El territorio infinito del cuadro, que tampoco podemos resumir. Hay tantas flores, tantos pintores, y las palabras no alcanzan. Por ello vuelvo a encerrarme en mi propio jardín. Paseo por la mente, donde sólo subsisten un árbol y una piedra. Un banco y una fuente. Pero lo decisivo de todo jardín no es nunca su centro. Son las esquinas y los márgenes: allí está la clave. Allí se conservan nuestros secretos más preciados. En la cueva vegetal oficiamos las ceremonias de la soledad y el diálogo.

Fumar a escondidas. Leer un libro. Quietos en el jardín, viajamos por todas partes. Ya no vamos, deambulantes, de la fuente al almácigo de las rosas. De la llave de agua de la manguera a las rejas que aíslan de la calle. Basta con inhalar, pituitaria memoriosa, un perfume salado. Una proximidad de

E l flamígero holly
parece abrir sus fauces
para engullir al eventual
caminante que ose subir
la escalera. Al fondo, la
silueta adusta del pino y,
abajo, la suavidad del
manto de la Virgen y los
geranios. Interesante
contraste, poco usual en
el verde y monótono
altiplano.

Bogotá.

ola para que estalle la pregunta insondable: no saber quiénes somos ni de cuál país en realidad formamos parte. La patria es un aroma. ¿El Caribe? ¿Los Andes? Somos ciudadanos del jardín por antonomasia. El Jardín de la Infancia.

En el jardín nos refugiamos para redescubrir la naturaleza, perdida afuera. A medida que los edificios avanzan implacables, nos escapamos hacia pequeños reductos aislados del mundo por tapias y llaves. El jardín interior, tan secreto y pudoroso como la intimidad preservada de toda ajena mirada. Así Yolanda Pupo de Mogollón recuerda, con fina nostalgia, cómo antes todos los patios cartageneros se ofrecían generosos al transeúnte. Quienes los habitaban jamás pretendieron ocultar nada: vivían y comían a la vista y luego sacaban las mecedoras al porche para ver y ser vistos. Lo primero que se vislumbraba, al fondo, era el patio con el árbol clavado en el centro o recostándose a los flancos. Ahora hay que intuir, más que atisbar, en los descuidos de algún portero receloso, ese espacio cerrado. Donde el almazarrón, color rojo hierro oxidado, de viejos muros, sirve de lienzo para que allí se dibujen erguidos *gingers*. O, mejor aún, esos bastones de emperador cuyas mazorcas de cera señalan la dignidad altiva de la naturaleza que marca matices y contrastes, entre rojo y rojo, y vence cualquier encierro. Rodeados de aves de paraíso, vuelan libres: nuestra mirada las atrapó y ya las llevamos con nosotros, como una antorcha que aún arde, en el espesor de sus llamas naranja. Más que jardín, patio. Donde veraneras y alstroemerias danzan en torno al árbol frutal del centro un -mango, por ejemplo- con sus frutos aún biches que ya atraen la música de las mariposas, no forzosamente amarillas, libando ebrias. Zumbando de deseo.

Como lo dijo Lía Rosa Gálvez en su poema *Siesta*:

> En el aire tibio,
> una mariposa blanca.
> Zumban las abejas
> entre las lilas
> del jardín.

> Denso, el perfume
> de los jazmines
> entra por la ventana
> y me embriaga.

Como en otras
latitudes, también aquí
los principales jardines de
las residencias de antaño
han pasado a ser parques
de uso público, con lo
cual se han podido salvar
de la desaparición y se
han conservado para la
comunidad sus valores
artísticos, paisajísticos y
ambientales.

Museo El Chicó, Bogotá.

Teoría del jardín. Para mirar, para caminar, para perderse y encontrarse. El paraíso fue un jardín. Jardín de los placeres o jardín de los suplicios. El jardín es el cuadrado imaginario donde todos los juegos resultan factibles. Me escondo entre los arbustos. Me cito con una fantasía prohibida. Encerrado en el jardín, carezco de fronteras. Siempre hay un jardín más allá. Por ello el niño que riega un árbol, en la película de Tarkovski, está inaugurando su jardín. Raíces en la tierra y la mente dando vueltas, entre nubes y hojas. Un jardín del cual no seremos expulsados, pues la tierra es nuestra y reclama su cuidado.

El tiempo no cuenta en el jardín. Caen las horas, una tras otra, como hojas secas. Al pisarlas, crujen y se hunden de nuevo en la tierra, abonándola. Renovándola. El jardín nos enseña a vivir y a morir. A impedir que en un año de descuido las raíces cuarteen los muros y la selva pujante entreteja, de nuevo, sus nudos, sobre el perenne intento humano de crear obras a su imagen y semejanza, que, al superarlo, intenten la trascendencia, y luego desfallezcan, caídas en la nada.

Los imperios terminan convertidos en ruinas. Sobre ellas un jardín salvaje. Una selva que sacude su melena, el viento, y recobra su poderío irrefrenable. Así las rosadas flores de ocobo extendidas en su horizontal soberanía sobre un mundo que sin lugar a dudas les pertenece, antes, ahora y siempre. Sólo que el hombre insiste en trazar su jardín. Ese contorno que, como la estatua y el poema, se abre, perdido, en la receptividad de unos ojos; y luego se recobra, cerrado, a la espera de nuevos visitantes, que balbucean a solas las palabras que les dicta el jardín de formas y de frases. Canciones que sólo tienen el sentido que les brinda, de a poco, la misma melodía. Tarareo el jardín y de golpe, vacío del todo, sólo queda la planta emblemática. La que siempre amé: un bambú.

Esbelta resistencia inclinándose ante lo innecesario y resurgiendo erguida ante el también vano tiempo que pasa.

El amarillo de la caña jalonada de anillos. Y el parloteo de todas esas hojillas chismosas, con su locuacidad incesante, que capta cualquier rumor, bulo o infundio, transmitido por el viento, el cual siempre retorna con noticias frescas.

El bambú triunfa sobre todo cuanto lo rodea. Alza su cetro gentil. Quiero trazar un bambú, visto y no visto, en el valle del Cauca, hacia la hacienda Piedechinche, rumbo a la casona donde María y Efraín aún viven su idilio. Aquí copiaré con el mismo cuidado de un escolar al hacer su pulcra tarea, en tinta, los nombres de las plantas aparecidas en la novela de Jorge Isaacs.

Písamos e higuerones; rosales y naranjos; violetas, lirios y azucenas; guaduales y sauces; claveles y campanillas moradas de río, pomarrosos y azahares; guayabales y piñuelas, iracales, parásitas, mai-

$\mathcal{A}$ la clara
composición formal de este
rincón habría que añadir
la acertada selección de
las especies y el adecuado
y esmerado cultivo, todo
lo cual hace de éste un
ejemplo digno de
estudiarse. El delicado
balance entre la luz y la
sombra permite que cada
una de las especies de
orquídeas, bromelias y
anturios, típicas de la
flora nativa del
neotrópico, tanto epífitas
como terrestres, encuentren
su nicho adecuado. Estas

Cali, Valle del Cauca.

son plantas tolerantes en varios aspectos pero muy exigentes en cuanto a la intensidad lumínica. Un exceso de ella podría quemar de manera irreparable y en pocas horas el follaje, mientras que un sombrío excesivo produciría plantas enfermizas, sin floración, susceptibles a los ataques de enfermedades criptógamas. La salud de que goza todo el ecosistema del jardín es evidente en el colorido y la fortaleza del follaje.

zales y yarumos; cañas amarillas, magueyes y guabos churimos. Todo suena. Todo sueña. La naturaleza es un poema. Va más allá de quien redactó este catálogo. Pero el jardín también asciende, río arriba, montaña en lo alto, hacia las tierras medias de Quindío y Armenia donde cámbulos y gualandayes prolongan la poesía de Alvaro Mutis, en ese Tolima donde la palma de cera asciende recta y el iguá envuelve el aire entre sus hojas. Donde besitos y azaleas van creando un pequeño mundo de casona florecida desde la chambrana y de la cual nadie puede desligarse. Allí Alvaro Mutis escribió:

> *Jardín cerrado al tiempo*
> *y al uso de los hombres.*
> *Intacta, libre,*
> *en generoso desorden*
> *su materia vegetal*
> *invade avenidas y fuentes*
> *y altos muros.*
> *Hace años cegó*
> *rejas, puertas y ventanas*
> *y calló para siempre*
> *todo ajeno sonido.*
> *Un tibio aliento lo recorre*
> *y sólo la voz perpetua del agua*
> *y algún leve y ciego*
> *crujido vegetal*
> *lo puebla de ecos familiares.*
> *Allí, tal vez,*
> *quede memoria*
> *de lo que fuiste un día.*
> *Allí, tal vez,*
> *cierta nocturna sombra*
> *de humedad y asombro*
> *diga de un nombre,*

El patio, introvertido, junto con el corredor perimetral, extrovertido, son los dos elementos arquitectónicos más persistentes y arraigados en la arquitectura de todas las regiones y todas las clases sociales en Colombia. En este apacible patio, de origen árabe, se perciben fuertes nexos formales con la estética japonesa. Adviértase el ritmo y sencillez de los elementos arquitectónicos, la naturalidad de los materiales, y la importancia que adquiere dentro de la composición cada una de las pocas plantas y de los escasos objetos que forman el conjunto. Notable ejemplo que ilustra la máxima del movimiento modernista en la arquitectura: "Menos es más."

Bogotá.

un simple nombre
que reina todavía
en el clausurado espacio
que imagino
para rescatar del olvido
nuestra fábula.

Por más que hayan tumbado los guamos para el sombrío del café éstos subsisten copudos y protectores del mismo modo que incluso, sin haber tenido casa con patio y en el patio un brevo, hay un parpadeo genético que nos transmite su sabor y su aroma, desde una Colombia que nuestros hijos urbanos no conocen pero que estas líneas buscan transmitirles con su dulce densidad azucarada y el rumor que desde allí nos acompaña. El jardín es ese fruto prohibido que entre todos saboreamos. Como dice Clara Botero, quien ha visto crecer la batatilla en una bacinilla oxidada siempre la llevará consigo, por más que pase quince años en Madrid o en Nueva York.

Jardines de Cali, según recuerda Marcela Quijano, donde cintas y chifleras, ficus y platanillo, suinglia y cecilitas, mantienen en ese clima medio la incomparable riqueza natural que toda Colombia debe preservar como su signo por antonomasia. Donde jazmines y azulinas, en su ramillete, compiten, armónicos, con esa flor roja y grande que bien pudiéramos usar como flor emblemática: El Resucitado. Colombia resurge, viva y plena, por cualquiera de sus puntos cardinales.

Pero vuelvo siempre a mi jardín bogotano. Donde el sietecueros se esponja en la belleza rotunda de sus flores moradas y petunias y pensamientos viven en esa atemperada y sin embargo vivaz gama que entre el blanco y el amarillo nunca deja de lanzar su profunda nota grave. Tan intensa casi como la mora de Castilla, apretada a fuerza de color en los globulillos que estallan, sápidos para el paladar y armónicos para la vista, cual panal jugoso. Ese jardín bogotano con su diálogo de contrastes entre la perfecta blancura formal del cartucho y la proliferante masa de fuertes ramas de los geranios. En cada parcela de nuestro territorio esa fuerza grávida brindándonos la variedad de una belleza que no cesa.

En mi pequeño jardín imaginario, y a la vez tan real como la escritura, el mirto comparte con el bambú la preferencia. Quizá porque tanto el uno como el otro señalan una dirección. Elástico uno, rígido el otro, con sus pepas rojas y verdes, el destino de estar allí, nunca en primer plano, siempre mostrando las dimensiones del espacio que nos cobija. El jardín: prisión asumida. De la infancia nunca nos escapamos. Del jardín tampoco. Reivindiquemos el jardín, nuestra auténtica patria.

Son frecuentes en nuestro país los jardines que, con notable economía de elementos, logran conjuntos de elevado valor estético y fácil conservación, gracias al adecuado equilibrio de los componentes que evita interferencias entre sus necesidades vitales.

Tabio, Cundinamarca.

Si uno le pregunta a una costeña qué recuerda del jardín de su casa, o, en otras palabras, qué sobrevive de su infancia, mencionará un trupillo, siempre inclinado en la dirección del viento, y un seto de coralito, que sustituye las paredes y marca los límites. Tal cuadrado mágico con su veleta de dirección para orientarnos tendrá también un eje, Axis Mundi, que marca el centro. Las señoras nunca comprarían una fruta en el mercado pues el árbol de mango, papayo o caimito valorizaba la casa y se erguía en el centro del jardín–patio al combinar lo gratuito con lo útil, el desinteresado don de la naturaleza con el disfrute de sus bienes. No sólo de contemplar la naturaleza vive el hombre: También de morderla y gustarla.

De igual forma, en Bogotá, Gabriela Arciniegas recorre el jardín como una antigua musa que al pronunciar las palabras claves logra que broten, indiferenciadas dentro del entrelazado verdor, cada una de las individualidades que parece imposible distinguir y que luego, en lo peculiar de su aroma, en la diferencia redonda o aguzada de su contorno, en el contraste, matizado y sin embargo total, del lila al blanco de sus flores, comienzan a vivir, no como una planta sino como un aroma. El gusto aromático de una infusión gracias a la cual nos bebemos todo un jardín, literalmente consustanciados con él, en una garganta que inhala tierra y la devuelve convertida en lenguaje:

Romero

Reseda

Alhucema

Jazmín

Heliotropo

Diosme

La poesía, jardín donde sembramos palabras y esperamos verlas florecer en los ojos del lector.

Por ello recorrer Colombia, del mar a la montaña, de la costa al interior, es recorrer una enciclopedia de incesante magia coloreada. De manos que cuidan la belleza y aires que se purifican en perfumes y fragancias. De plantas que nos anonadan, en su esplendor, o nos acompañan, como fieles compañeros de andanzas. El Jardín: esa mujer que ofrece la manzana.

Ahora riego el jardín con estas palabras. Quiero ser fiel a esa belleza que no nos falla. La del jardín de la infancia, memoria que se expande.

Vivo en un jardín perenne: la palabra.

JUAN GUSTAVO COBO-BORDA

Siglo y medio ha transcurrido desde que el Libertador y doña Manuela se marcharon, pero su presencia aún se siente en muchos de los rincones de este privilegiado jardín, bañado, entonces como hoy, por las límpidas aguas del arroyo que baja cantando de los cerros (cuando el verano se lo permite). Los nogales que últimamente han caído en algunas zonas, derrotados por los años, han dado paso a unos jardines soleados, de coloridas platabandas, más risueños, pero también más banales, menos íntimos, menos señoriales, en los que ya es difícil percibir las presencias tutelares.

Quinta de Bolívar, Bogotá.

A quellos sectores del jardín que aún conservan algo del sabor del pasado, evocan épocas de gloria o duros y prolongados abandonos; el tranquilo discurrir del diario vivir o ruidosos jolgorios, como el que llevó a cabo un grupo de amigos del Libertador el 28 de octubre de 1828, día de San Simón. El Libertador no asistió a este homenaje. "La fiesta presentaba el aspecto más bello, en que todo era bullicio, alegría y movimiento. En las colinas, grupos de danzantes bailaban al compás de la banda del batallón; otros se bañaban en el río, y todos comían y bebían sin tasa, sin pensar en otra cosa sino en que ese rato de solaz se lo debían a Bolívar, su idolatrado Libertador." *Es la descripción de Cordovez Moure.*

Quinta de Bolívar, Bogotá.

La palma siempre
ha sido simbólica de la
vegetación tropical de
climas cálidos. La
excepción es la palma de
cera del Quindío, que
tanto impresionó a
Humboldt y otros
viajeros menos famosos
en unos siglos en que el
hombre aún conservaba
la capacidad de
maravillarse, al verla en
agrupaciones gigantescas
en el paso de La Línea, a
más de 3.000 metros de
altura. Su estípite blanco
con anillos negros, de
más de 60 metros de
altura, sobresalía con
facilidad por encima del
dosel del bosque, como
sobresalen las palmas de
este jardín. La palma de

Museo El Chicó, Bogotá.

la cera es no sólo la especie que crece a mayor altura sobre el nivel del mar, sino también la que alcanza una mayor talla en el mundo. No es extraño, entonces, que el Congreso de la República, en su sabiduría, la haya declarado árbol nacional de Colombia, aun sin serlo, pues la característica botánica de un árbol es que posee un tronco leñoso, mientras que el estípite de las palmas está formado por una solidificación de los pecíolos de las hojas, por lo cual las palmas se clasifican como plantas herbáceas, a pesar de su gran tamaño.

Museo El Chicó, Bogotá.

$\mathscr{A}$ la manera de la Alhambra, este jardín recibe las aguas de la quebrada a su llegada a la ciudad y las utiliza sabiamente en estanques, cascadas, pilas, albercas, acequias, que alegran y llenan de vida todos los rincones del jardín y del patio central de la casa. Aquí y allá, se destacan los estípites majestuosos de la palma de la cera, orgullo de estos jardines.

Museo El Chicó, Bogotá.

$\mathcal{L}$as más
acaudaladas e
importantes familias
bogotanas habitaban en
casa de dos pisos. El
segundo piso era símbolo
de status. En estas casas
el patio cumplía una
función diferente al de las
casas más modestas de
un solo piso. En el nivel
de la calle solamente se
encontraban locales
comerciales y
dependencias de servicio.
La casa propiamente
dicha ocupaba el segundo
piso. Debido a esta
circunstancia, el patio y
su vegetación eran para

Instituto de Cultura
y Turismo, Bogotá.

ser apreciados desde los corredores y aposentos del segundo piso pero no constituían un espacio de uso cotidiano, como sí sucedía en la casa de un piso.

Los habitantes de estas casonas solían instalar grupos de muebles cerca a las ventanas y balcones del segundo piso que miraban al exterior, y la contemplación de la actividad callejera, tras el velo protector de los visillos, reemplazaba el disfrute privado del patio.

Casa Rafael Pombo, Bogotá.

En una casa cuyo inquilino cambia cada cuatro años, los jardines pugnan por adquirir una personalidad y un carácter propios. Se destacan, no obstante, el ingenuo volumen del Observatorio Astronómico y el más pomposo del Palacio Echeverri, que enmarcan el jardín por el Norte y el Occidente, respectivamente.

Palacio de Nariño, Bogotá.

Según su ubicación, cada jardín botánico tiene a su cargo el estudio y divulgación de la flora de su área. El Jardín Botánico de Bogotá, por encontrarse situado a 2.600 m. de altura en la cordillera de los Andes, es el único que contiene las asociaciones de la flora alto-andina en sus condiciones naturales. La cascada ha sido construida a fin de crear el ambiente propio para el cultivo de estas especies.

Todo aficionado a la jardinería que trabaje en el altiplano cundiboyacense, o en otro lugar de clima similar, debe visitar el jardín y estudiar sus colecciones.

Chía, Cundinamarca.

Jardín Botánico, Bogotá.

$\mathcal{D}$esde 1828, cuando el Libertador instaló allí su residencia y sus despachos, hasta 1982, el Palacio de San Carlos fue sede oficial de los presidentes de Colombia. En su origen fue una amplia residencia particular, en 1605 albergó el Seminario, en 1774 funcionó allí una parte de la Real Biblioteca, en 1783 fue cuartel militar. Hoy es la sede de la Cancillería.

Del patio principal se puede destacar la pila, de líneas sobrias y precisas. En el segundo patio sobresale la palma de cera, sembrada por el mismo Bolívar. Es fama que cuando el Libertador manifestó a su edecán el deseo de hacerlo, éste quiso disuadirlo con el argumento de que su crecimiento era extremadamente lento y que tomaría más de cien años su completo desarrollo. "Entonces hay que plantarla cuanto antes", fue la tajante respuesta de Bolívar.

Palacio de San Carlos, Bogotá.

Bogotá.

"Después de
tantas y de tan
pequeñas cosas, / busca
el espíritu mejores
aires, mejores aires,"
decía Gaspar en su
Relato. Como los que se
pueden respirar en este
jardín, enclavado en
pleno centro de la urbe.
Las plantas, nativas o
exóticas, seleccionadas
con gran sensibilidad, se
adaptan al nicho que
deben ocupar con tal
perfección que parecería
que estuviesen en su
medio natural. El
conjunto es de una gran
variedad, pero a la vez
sereno y amable. Con
una relativa economía
florística se ha logrado un
gran acierto formal y
ambiental.

Bogotá.

El agua, en su incesante deambular hacia los lugares bajos, es el gran aliado del paisajista. Por milenios ha ejercido sobre el hombre su fascinación óptica y sonora, en la naturaleza y en los jardines. Estos dos raros ejemplos de jardines colombianos de diseño meticuloso ilustran dos principios compositivos diferentes: el de la izquierda, basado en un eje frontal, produce un efecto artificial y grandilocuente, que, no obstante, no intimida a los cisnes pétreos que se zambullen gozosos en sus aguas.

Bogotá.

El de la derecha, por el contrario, utiliza un eje de simetría diagonal que, trabajado con gran sutileza, produce una grata sensación de espacio natural. El tiempo, que todo lo pone en su lugar, se encargará de vestir las rocas con verdaderos musgos, helechos y otras plantas propias del ecosistema que con tanta habilidad se ha creado, y no faltarán las aves de pluma que encontrarán aquí el medio propicio para afincar sus nidos y criar sus polluelos.

Bogotá.

Tanto la terraza con su vista al lago como el desfiladero de entrada serían capaces de producir sentimientos de euforia entre los admiradores de esa pieza maestra del cine que se llama El jardín de los Fizzi-Contini. Los dos ilustran también el principio de que no hay espacio, por pequeño o restringido que sea, que no pueda convertirse en un gran jardín, en manos de un jardinero sensible. El estudiado descuido de la terraza permite el disfrute sedante del espacio, propio para la reflexión, la meditación y la contemplación, tan necesarios hoy en día.

Bogotá.

Bogotá.

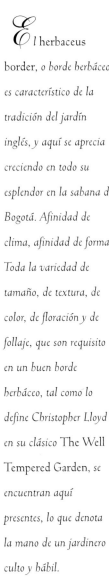

$\mathscr{E}$l herbaceus border, *o borde herbáceo, es característico de la tradición del jardín inglés, y aquí se aprecia creciendo en todo su esplendor en la sabana de Bogotá. Afinidad de clima, afinidad de forma. Toda la variedad de tamaño, de textura, de color, de floración y de follaje, que son requisito en un buen borde herbáceo, tal como lo define Christopher Lloyd en su clásico* The Well Tempered Garden, *se encuentran aquí presentes, lo que denota la mano de un jardinero culto y hábil.*

Bogotá.

Tenjo, Cundinamarca.

$\mathscr{S}$i algún jardín ha
sabido guardar la
simplicidad y sencillez
del pasado y ser fiel a sus
raíces, ha sido sin duda
éste. Se puede dejar de
visitar Fusca por años y,
al regresar, todo está
igual, como si hubiera
sido ayer. Virtud que se
hace día a día más rara
en esta época de cambio
acelerado. Por eso,
conserva vivas todas sus
leyendas y todos sus
fantasmas intactos.

La Caro, Cundinamarca.

54

Chía, Cundinamarca.

*U*n jardín a gran
escala, de gran
simplicidad formal,
basado en la
contraposición geométrica
de grandes agrupaciones
de plantas pertenecientes
a unas pocas especies, de
colores sutilmente
combinados.

Chía, Cundinamarca.

*A*beto, ciprés, tejo, enebro, tuya, tsuga, picea: nombres sonoros y extraños a nuestra experiencia, pues aquí todos se engloban en uno solo, genérico: pino. Son las coníferas del hemisferio norte, que conforman esta bellísima colección que, en combinación con los sauces y eucaliptos de la sabana, contraponen su rica gama de verdes y sus apretadas y austeras formas al torrente de color de los buganviles, que, a pesar de ser más propios de los climas medios y cálidos, es aquí, en el frío de la sabana, donde alcanzan la mayor y más espectacular saturación de color (Aunque sólo la variedad magenta). El conjunto es original e inesperado. La experiencia para quien tiene la fortuna de contemplarlo es inolvidable.

Chía, Cundinamarca.

Tabio, Cundinamarca.

*J*ardines
entrañables como este, en
que a cada paso se hacen
presentes el amor y la
mano maestra de su
autora, nunca han estado
ausentes en la tradición
colombiana. En la foto de
la salida del patio se
puede apreciar un
ejemplo de suprema
perfección en el cultivo y
en la apretada
composición de los
elementos vegetales del
primer plano, mientras
que el eucalipto plateado
y el sauce que se
combinan al fondo
conforman un telón de
una tonalidad cromática
difícil de apreciar fuera
de la sabana de Bogotá.

Tabio, Cundinamarca.

La verticalidad y
señorío de los cipreses, la
horizontalidad
monocromática y la
clásica simplicidad de la
casa, la perfección del
césped, la economía de
elementos, definen toda
una época y hacen de este
jardín uno de los más
destacados del altiplano,
con su acertada mezcla
de lo mediterráneo, lo
inglés y lo sabanero.

Zipaquirá, Cundinamarca.

$\mathcal{E}$l clima de la sabana se presta para conseguir los más hermosos y verdes prados con un mínimo de esfuerzo, gracias al invasor pasto kikuyo, de procedencia africana, que puede ser transplantado en tapetes, lo que permite crear un prado adulto de la noche a la mañana.

Chía, Cundinamarca.

Chía, Cundinamarca.

*T*eja de barro, muros enjalbegados; la textura de las guijas o la piedra laja en los pisos; eucaliptos, omnipresentes desde tiempos del presidente Murillo Toro; y flores, muchas flores... Es el lenguaje que habla el jardín sabanero tradicional y que produce las más gratas evocaciones en todos los que han tenido la fortuna de vivirlos en su infancia.

Mosquera, Cundinamarca.

Bojacá, Cundinamarca.

*U*na interesante versión contemporánea de la misma tipología, en la que destacan las líneas horizontales de la arquitectura y del piso, acentuadas por la secuencia de los geranios en la pared. Aquí confluyen, de manera descomplicada, las tradiciones sabanera, andaluza, árabe y japonesa para conformar un todo armonioso.

Sopó, Cundinamarca.

Cajicá, Cundinamarca.

$\mathcal{L}$a piedra sabanera ha sido, tradicionalmente, trabajada por hábiles canteros para crear pilas y albercas en los jardines, como ésta que ve discurrir sus días a la vera del umbroso árbol y de la rueda, que fue lo único que quedó de la carreta. Menos frecuente es ver la piedra en forma de clásicos balaustres y barandales, como los que pugnan por contener el desbordado jardín de la derecha.

Zipaquirá, Cundinamarca.

*A*quí abunda
el agua, *anuncian la
taza, la pila y la laguna,
y también los fúnebres
nubarrones zipaquireños,
que helaron los huesos y
el alma del joven García
Márquez durante sus
años de internado en la
recatada ciudad del
altiplano. Aprovechando
hábilmente su entorno,
este jardín se liberó de sus
linderos y no acepta por
límites sino las azules
montañas que se esfuman
en el horizonte.*

Madrid, Cundinamarca.

Zipaquirá, Cundinamarca.

ortada y tapia de piedra, sauces, geranios, ligustro amarillo, fino ganado Holstein, son otros tantos elementos que siguen enriqueciendo el lenguaje del jardín sabanero.

Zipaquirá, Cundinamarca.

Sopó, Cundinamarca.

Hortensias azules, en la sabana hay muchas. Pero rosadas, de la calidad de éstas, muy pocas. Aquí, acompañan el barandal del corredor de esta afortunada casa que, desde un altozano, mira un hermoso y clásico rincón sabanero.

Acristalar las esquinas o todo un lado del corredor ha sido un recurso tradicional de las casas sabaneras para protección del frío. Y no podía ser completo un recorrido por los jardines de la sabana si no se hiciera presente el majestuoso alcaparro con su exuberante floración amarilla, que aquí los apretados botones apenas anuncian.

Sesquilé, Cundinamarca.

$\mathcal{E}$l cultivo de los geranios del patio ha sido siempre una de las especialidades de este jardín.

Sesquilé, Cundinamarca.

$\mathcal{U}$n trabajo cuidadoso de los pisos en senderos y terrazas no ha sido característico del jardín sabanero. Aquí cabe destacar la fuerte y rica combinación formada por la cuadrícula de guijas blancas pacientemente rebordeadas en negro y separadas por hiladas transversales en forma de cordón; el ladrillo aparejado en diagonal y rebordeado según los cánones; y la piedra aserrada y trabada para destacar los ejes de circulación. Los bordes de las jardineras de piedra y las bancas bajas de piedra punteada añaden solidez y elegancia a tan atractivo conjunto.

$\mathcal{E}$xtraño destino el de esta venus cortesana que, acompañada de un seco tronco por jardín, vino un día de su lejana Europa para convertirse en la reina del buganvil y añadir un detalle más al ya rico acervo de nuestros jardines.

Mosquera, Cundinamarca.

os setos de ciprés podados, otrora muy populares en los jardines para demarcar los espacios y encerrar los recintos, han ido desapareciendo en Bogotá y la sabana por la dificultad de su mantenimiento.

Madrid, Cundinamarca.

Bojacá, Cundinamarca.

El geranio hiedra con su floración rosada y la alberca de piedra incrustada en el medio parecen reflejar el almagre de la fachada de la capilla con su puerta oscura y su portal de piedra.

Madrid, Cundinamarca.

$\mathscr{A}$lgo raro ha sucedido aquí: estos geranios rojos, que en nuestra jardinería sabanera se denominan novios enanos, como su nombre lo indica, rara vez superan los dos palmos de estatura. Pero la bondad del cultivo y la protección prestada por los altos muros los han llevado a alcanzar una talla tan insólita que, de no mediar mejor información, serían candidatos al popular libro de los records que se publica anualmente en Norteamérica. Su presencia en este jardín confiere a las interesantes fachadas una calidad fuera de lo común.

Madrid, Cundinamarca.

Madrid, Cundinamarca.

$\mathcal{L}$os jardines de
esta señorial hacienda
sabanera se han venido
enriqueciendo con la
presencia de cipreses y
otras especies acordes con
la escala monumental de
la casa. Las antiguas
canteras de la colina han
dado origen a hermosos
jardines de rocalla, donde
prosperan plantas muy
bien adaptadas a las
particulares condiciones
que este medio impone y
que cubren, como ricas
túnicas y mantos,
extensiones substanciales
de la ladera.

Madrid, Cundinamarca.

El eje lateral, informal, umbrío, que se pierde en el infinito y que da acceso a los diferentes recintos del jardín, es motivo predilecto del paisaje romántico europeo. Aquí se ha manejado, como todo, con singular acierto.

Bojacá, Cundinamarca.

$\mathscr{P}$or su concepción, por su escala, por su riqueza florística, este jardín no tiene parangón en el país. A la manera de la gran tradición europea, cuenta con estanques y espejos de agua, fuentes, ejes monumentales, senderos umbríos, arboreto, prados, setos vivos, parterres, esculturas y una infinita variedad de especies botánicas pacientemente recopiladas y aclimatadas, lo mismo que cisnes, llamas, pavos reales blancos y azules, que complementan el ecosistema, todo ello organizado dentro de los más estrictos cánones de clásica belleza y de refinado gusto.

Bojacá, Cundinamarca.

$\mathscr{L}$a más clásica simplicidad hace de éste uno de los puntos de mayor interés de todo el jardín. El seto de pinos, por su concepción, su ejecución y su mantenimiento, es uno de los más destacados ejemplos del celebrado topiary art que se pueda apreciar hoy. El otro ejemplo notable está improbablemente localizado en el cementerio de Tulcán, en el Ecuador, y es resaltado en An Illustrated History of Gardening, escrita por Julian Huxley para la Royal Horticultural Society.

$\mathscr{L}$a majestuosidad del eje está a escala con la de los eucaliptos hacia los que conduce, pero la informalidad de la plantación a lado y lado contribuye a suavizarlo y hacerlo más amable.

Este magnífico sector resume todas las bondades del diseño del jardín: la presencia dominante y definitiva del estanque; el sobrio pero elegante trabajo en piedra, orgullo de los canteros de Bojacá, que ordena pero no restringe; el contraste entre el delicado conjunto de las rosas y las resedas y los volúmenes rotundos de los arbustos, irrespetuosos de la geometría, y los acentos verticales de los cipreses; el fondo de arbustos y árboles de mediano porte y el remate de los gigantescos eucaliptos, que protegen y encierran todas las vistas.

Bojacá, Cundinamarca.

Subachoque, Cundinamarca.

$\mathcal{E}$quilibrio entre el verde y el color, entre los espacios abiertos del césped y las masas de la arborización, se advierten en este jardín, como también el interesante uso del almagre en la pigmentación de las tapias de cerramiento, uso que está acorde con los resultados de las investigaciones realizadas recientemente en diversas partes del país acerca del empleo del color en la época colonial.

Subachoque, Cundinamarca.

$\mathcal{L}$ a dureza de la
escalera de piedra, de
impecable factura, es
suavizada por un
intrincado manto florido
de una delicadeza y una
riqueza indescriptibles,
apenas comparables con
las del más fino tapiz
oriental o con las del
prado florido de la tabla
de La Primavera de
Boticelli que cuelga en la
Galería de los Uffizi, en
Florencia, donde Céfiro
desciende en forma de
viento azul para poseer a
Flora, de modo que ésta,
fecundada, avanza
esparciendo la nueva
floración, bajo la mirada
de Venus.

Sopó, Cundinamarca.

$\mathcal{E}$l hermoso callejón formado por la arquitectura se viste con el colorido alegre y variado de los geranios y constituye uno de los más exitosos ejemplos del jardín sabanero, donde los motivos dominantes son las cascadas de flores y la piedra sabanera.

Sopó, Cundinamarca.

94

$\mathcal{E}$n contraste con la
luz franca del patio en la
página opuesta, aquí se
aprecia el claroscuro, a
veces difícil de lograr, que
permite la convivencia de
árboles y arbustos con el
césped subyacente,
siempre ávido de luz.
Este equilibrado nivel de
iluminación es también el
medio propicio para la
mayoría de las especies de
orquídeas, anturios y
otras plantas propias del
bosque y el sotobosque
tropical.

Tibaná, Boyacá.

En las tardes de diciembre la luz horizontal hace aún más amable y apacible este tranquilo patio tradicional de la sabana.

Cota, Cundinamarca.

$\mathcal{T}$odas las
ponderaciones han sido
agotadas para describir
la calidad espacial y
arquitectónica de este
patio de trazado
cruciforme, que evoca los
cuatro ríos del paraíso
del Corán, las cuatro
esquinas del imperio de
los Incas... La
austeridad monacal de
la superficie sólo
contribuye a destacar y
dar realce al inverosímil
contraste entre los
barandales amarillos y el
magenta profundo de los
buganviles. Una pluma
de alguno de los patos
flota en las someras
aguas de la alberca,
mientras que éstos, en
tropel, armonizan el
color de sus picos y sus
patas con el de los
barandales.

Simijaca, Cundinamarca.

Villa de Leiva, Boyacá.

En un paraje seco y semidesértico, las aguas cristalinas de la montaña, que antaño movían el molino y hoy dan vida a los jardines, fueron y siguen siendo el máximo tesoro y el testigo del acontecer en esta reposada villa desde los tiempos de Don Andrés Díaz Venero de Leiva, su fundador.

Villa de Leiva, Boyacá.

En el altiplano boyacense, los jardines hablan el mismo lenguaje pero conservan un carácter más espontáneo, más ingenuo, más provinciano y, tal vez, más autóctono, que los de la sabana de Bogotá, quizá porque han estado menos expuestos a las influencias y gustos foráneos.

Samacá, Boyacá.

Tibaná, Boyacá

*L*as piedras en desuso de los viejos molinos exhiben sus líquenes al sol y sirven de protección a los delicados musgos y helechos de los jardines.

Villa de Leiva, Boyacá.

El interminable tejado de la casa protege el corredor, que es punto de observación privilegiado sobre el risueño y soleado jardín.

*L*as rosas blancas del rosal miran con curiosidad y conmiseración a sus congéneres, prisioneras en el vaso.

Sogamoso, Boyacá.

Santandercito, Cundinamarca.

*Lo primero que se
advierte al bajar a tierra
templada es la topografía
accidentada de las
laderas andinas y el
cambio drástico en la
composición florística de
la vegetación. Los
jardines modifican su
carácter por completo.
Sauces y eucaliptos son
reemplazados por
guaduas y bambú,
naranjos y multitud de
árboles nativos.
Comienzan a aparecer la
iraca y las bromelias y el
ocobo, guayacán o roble
morado, gloria de la
cordillera, que con su
talla y su florescencia
emula favorablemente
con los cerezos del Japón.
Los ejemplares de este
jardín se encuentran
apenas en su fase juvenil.*

Santandercito, Cundinamarca.

ayenos, anturios,
multitud de enredaderas
y trepadoras, paraguas
japonés, barbas de viejo,
entran en escena. Ya aquí
el ocobo adulto muestra
su porte, aunque sólo
alguna esporádica flor, y
el buganvil ya no es
solamente magenta, como
en el altiplano, sino que
comienza a desplegar
toda su gama de colores.

La Unión, Cundinamarca.

La laguna sagrada de Ubaque (todas las lagunas fueron sagradas para nuestros antepasados precolombinos), ha vuelto a ser respetada y ha recuperado sus condiciones ecológicas. Su clima de transición entre el frío y el templado permite la presencia de plantas de ambos ecosistemas.

Ubaque, Cundinamarca.

ℰste jardín obtiene un máximo provecho de sus condiciones topográficas y de la abundancia de agua. Ya están presentes aquí la copa de oro y los crotos, característicos de la franja más cálida de la tierra templada.

Sasaima, Cundinamarca.

$\mathcal{E}$ste prado, de varias hectáreas de extensión, está sombreado en su totalidad por las cúpulas verdes de unos pocos y titánicos samanes centenarios. El espacio resultante es apenas comparable con el de Santa Sofía de Constantinopla, sólo que su escala tiene aún mayor magnificencia que el de la celebrada catedral bizantina.

$\mathcal{L}$a suavidad del clima y las condiciones de sus suelos han hecho de Fusagasugá el jardín de Cundinamarca. Se ha dicho que allí lo único que no se da es lo que no se siembra (aunque, a veces, aun esto aparece espontáneo).

Fusagasugá, Cundinamarca.

os prohombres se deleitan en sus sencillos y sombreados patios en medio de la frescura que imparte la espesura que, por momentos, difumina las líneas ortogonales de la arquitectura. Cabe destacar el interesante follaje de la palma rastrera del jardín de la izquierda, que, abandonada a libre crecimiento, desborda los límites impuestos por las eras y se enseñorea de senderos y empedrados.

Bucaramanga, Santander.

$\mathcal{H}$íbridos
creados a partir de
nuestras más famosas
orquídeas son gloria y
corona de los jardines
colombianos y envidia de
los horticultores de otras
latitudes. En palabras de
Humboldt: "El habitante
de los trópicos goza de
la visión de todas las
formas vegetales. La
tierra le revela en su
conjunto, de una vez,
todas sus variantes
creaciones, lo mismo
que el firmamento
estrellado no le oculta
nada de polo a polo,

Bucaramanga, Santander.

nínguno de sus brillantes mundos. Los europeos no pueden gozar de esta ventaja. Muchas plantas les serán desconocidas por siempre. Las plantas desadaptadas que nuestro lujo encierra en invernaderos, sólo nos recuerdan lo que nos está vedado: nos ofrecen un cuadro desfigurado e incompleto de la magnificencia de la vegetación de los trópicos."

El Retiro, Antioquia.

Floridablanca, Santander.

Bucaramanga, Santander.

Aun el cayeno variegado de la izquierda no alcanza a denunciar que este patio ya no está sometido al frío del altiplano sino que goza del clima embalsamado de la ciudad de Girón de los Caballeros.

Nuevamente en clima frío, esta vez en Pamplona, recorriendo un pulcro sendero donde los designios del escultor nos impiden continuar.

Girón, Santander.

Pamplona, Norte de Santander.

121

No sólo la vid, los filodendros, las begonias y otras plantas, sino también una particular condición de la luz, denotan en estos patios el clima templado y seco de la región. En este medio, abundante en piedra de cantera, guijas y cantos rodados, ha surgido y se ha perpetuado la más notable tradición de canteros del país. Desde lo rústico hasta lo clásico, todo entra en el repertorio de estos hábiles artesanos. La pila de la derecha es un ejemplo del mejor y más clásico diseño y esmerada ejecución que han hecho a los canteros de Barichara justamente famosos.

Barichara, Santander.

Girón, Santander.

Bucaramanga, Santander.

n los patios de climas más cálidos, los corredores se ensanchan y se convierten en los lugares de actividad familiar y reposo por excelencia y los rincones se colman de plantas amantes de la sombra. La fina pila de bronce fundido, quizá de origen alemán, es testigo de los tiempos en que la industria del tabaco era pilar de nuestra economía y atraía a la región oleadas de migración europea, proveniente, en su mayoría, de Alemania.

Piedecuesta, Santander.   Barichara, Santander.

𝒩uestro peregrinar nos ha traído a tierras de Antioquia, cuna de la tradición hortícola en Colombia. Y entramos por la puerta grande: la de este espléndido jardín en el que es evidente el amor por las plantas y por el paisaje. Si algunos jardines del altiplano nos parecieron integrados al entorno, éste se hace uno con las montañas, con el valle y con el celaje. Con singular maestría, se escalonan las azaleas, los arbustos, las coníferas, los eucaliptos, y los verdes se van gradando en la distancia hasta alcanzar el añil de la lejanía.

𝓔n el plano más íntimo, el jardín se recrea en los volúmenes macizos e impenetrables de plantas y árboles.

Barbosa, Antioquia.

127

El paraguas japonés y los liberales conforman la dramática composición monocroma que una tímida rosa observa, curiosa.

La Euphorbia pulcherrima, *poinsettia, estrella de navidad o paraguas japonés, deriva su color de las espléndidas brácteas florales y no de las flores, que son pequeñas e inconspicuas. Este jardín, que recuerda las pinturas de Andrew Wyeth del paisaje norteamericano, es un espectáculo fuera de lo común por su concepción abstracta, geométrica, casi surrealista, y por la perfección del cultivo. El contraste del color con la masa verde oscuro del follaje de fondo produce un efecto de gran dramatismo. Sobre el horizonte descuella un yarumo y, al centro, un yarumo plateado brilla a la difusa luz solar.*

El Retiro, Antioquia.

Rionegro, Antioquia.

El loto, flor sagrada de los egipcios y de los hindúes, ha estado asociado a los jardines desde tiempos de los faraones y tiene un fuerte contenido simbólico. Se abre sobre la superficie de las aguas estancadas y es símbolo de pureza. Salido de la obscuridad, se abre a plena luz: símbolo de la plenitud espiritual. En botón representa un huevo, cuya ruptura corresponde a la flor: es la realización de las posibilidades contenidas en el germen inicial. También el corazón es un loto cerrado. Es símbolo de armonía cósmica, pues tiene ocho pétalos, como el espacio ocho direcciones; por eso se utiliza en el trazado de los mandalas. En la mitología, Vishnú

Jardín Botánico.

Medellín, Antioquia.

duerme sobre la superficie del océano causal, representado por lotos. De su ombligo emerge un loto cuya corola contiene a Brahma, principio de la tendencia expansiva. El loto es la naturaleza de Buda, no afectada por el entorno cenagoso del samsara. El centro del loto está ocupado por el monte Meru, eje del mundo. En el simbolismo tántrico los siete centros sutiles del ser que atraviesa el eje vertebral se representan como lotos de 4, 6, 10, 12, 16, 20 y 1.000 pétalos. El loto de 1.000 pétalos significa la totalidad de la revelación. En la China, el loto es emblema del sabio, de la firmeza, la prosperidad y la armonía. En Egipto simboliza el renacer, como el ave fénix. En Occidente, su simbolismo se traslada a la rosa.

Característico de los jardines de Antioquia y otras regiones de clima templado es el cultivo en macetas y en canastas de plantas de sombrío bajo la protección de pérgolas y enredaderas. Begonias comunes y de bulbo, clivias, impatiens, fucsias, primaveras, hacen de estos rincones el punto focal de muchos jardines.

El Retiro, Antioquia.

𝓔n otros jardines, el plato fuerte lo constituyen las zonas soleadas y de media sombra, donde las plantas amantes del sol despliegan una fortaleza que sólo sus rayos pueden conferir. Es el ámbito de los agaves, las plantas crásulas y los arbustos de flor. En lugares de escaso sombrío y clima fresco prospera, en el suelo o en grandes macetas, la más aristocrática de todas las orquídeas: el cymbidium asiático, del cual se aprecia aquí una espléndida colección.

El Retiro, Antioquia.

$\mathcal{U}$n clima más cálido exige el cultivo de la vainilla, que, de las más de 30.000 especies de orquídeas conocidas, es la única que se cultiva con fines utilitarios. La vainilla es una trepadora que se adhiere a los árboles, como el ejemplar que crece en este jardín. Desde tiempos precolombinos se ha cultivado en México por las vainas de sus frutos, que le han dado su nombre castellano, las que, debidamente beneficiadas y

Santa Fe de Antioquia.

pulverizadas, sirven para aromatizar el chocolate y otras bebidas. Aún hoy, las dinastías de cultivadores indígenas suelen grabar con su marca de origen los frutos en crecimiento para evitar el robo en el cultivo y para garantizar la calidad del producto y acreditarlo en el mercado. Las vainas secas y beneficiadas pueden durar casi indefinidamente. Se utilizaban como elemento de intercambio.

La tapia coronada de orquídeas, por lo general Cattleya gigas o Epidendrum fragrans, como la que cierra este patio, es detalle típico de las casas campesinas de la zona cafetera de Antioquia, hábilmente incorporado aquí en este jardín culto.

Rionegro, Antioquia.

El Retiro, Antioquia

Es el saludo a Bolombolo
de León de Greiff,
contenido en su
Fanfarria en Sol Mayor,
en el Segundo Ciclo,
Música de Cámara y al
Aire Libre, de su
Segundo Mamotreto.
No vamos a interrumpir
al maestro. Que sea él
quien haga esta
descripción.

Oh Bolombolo,
país exótico y no nada
utópico / en absoluto!
Enjalbegado de trópicos
/ hasta donde no más!
Oh Bolombolo de
cacofónico / o de
ecolálico nombre
onomatopéyico y suave
y retumbante, oh
Bolombolo!

[…] Y resécanse los
prados de las colinas y
llanadas / y de las vegas
y lomas y abras, / e
irradian los belígeros
soles / dardos y flechas
y virotes!…
[…] país que cruza el
río bullicioso y bravo, o
soñoliento; / país de
ardores coléricos e
inhóspites, / de cerros
y montes / mondos y
de cejijuntos
horizontes… /

Manizales, Caldas.

Bolombolo, Antioquia.

$\mathcal{D}$os ejemplos de cómo, con un mínimo de intervención, se puede aprovechar la belleza del paisaje existente, convirtiendo la naturaleza en un gran jardín.

Rionegro, Antioquia.   *Suroeste antioqueño.*

Señoriales mansiones y humildes cabañas comparten el lenguaje del corredor perimetral y la veneración por las plantas y las flores.

Rionegro, Antioquia.

No contentas con haberse apoderado de todo el espacio del jardín, las plantas de flor suben por paredes y árboles en estos privilegiados parajes.

Santa Helena, Antioquia.

El oxidado y recio
alambre de púas denota
la procedencia rural de
este ejemplo de cultivo
monocromático de
delicadas plantas de flor.

*V*iejos baldes, tarros
de aceite, cacerolas
desfondadas, peroles
desuetos, ollas con su
pátina de tizne,
mingitorios portátiles
escapados del ayer,
cualquier recipiente es
bueno cuando de cultivar
flores se trata. Al fondo,
un improbable mural
abre la ventana del
ensueño hacia tierras
distantes en la geografía
pero cercanas en el afecto.

Pereira, Risaralda.

Pereira, Risaralda.

El jardín de la zona cafetera del viejo Caldas no es otra cosa que una prolongación hacia la casa de habitación, de ese gran jardín que es el cafetal mismo, que el propietario rodea de sus plantas favoritas.

La Tebaida, Quindío.

En las tierras cálidas y templadas, las casas rurales de dos pisos, con sus corredores perimetrales de madera y las chambranas de macana, logran la máxima integración entre casa y jardín y obtienen el mayor provecho de las condiciones climáticas favorables a la vida al aire libre.

Pereira, Risaralda.

*L*os grandes
árboles de los climas
templados del trópico
—ceibas, samanes,
caracolíes— albergan en
sus ramas inmensos
jardines colgantes de
alucinante belleza.
Bromelias, orquídeas,
helechos, son habituales
habitantes de estos
jardines epífitos. También
los rhipsalis y los
epiphyllum, géneros de
la familia de las
cactáceas adaptados a la
vida epífita, como los que
pueblan las ramas de este
samán. Estos jardines
epífitos son exclusivos de
las zonas tropicales,
como ya lo dijo
Humboldt en la
página 119.

Pereira, Risaralda.

El Retiro, Antioquia.

$\mathscr{E}$l sol de la mañana
inunda el jardín de esta
histórica mansión que fue
testigo de la vida y los
hechos de próceres de
antaño y hoy guarda en
silencio sus memorias.

Popayán, Cauca.

*A*quí es el jardín el que pugna por rebasar el límite impuesto por el precario tapial de piedra y escapar hacia el monte.

Popayán, Cauca.

*En los privilegiados
climas del trópico, la
naturaleza, sin
intervención humana, es
capaz de producir los
más hermosos jardines.*

La Ceja, Antioquia.

Popayán, Cauca.

El agua marca el eje de este encantador jardín semiespontáneo donde el tiempo parece haberse detenido.

Popayán, Cauca.

$\mathcal{P}$opayán es ciudad de patios castizos. En el de arriba a la izquierda, con su trazado ortodoxo, las azaleas, rosas y brunfelsias se benefician del ambiente húmedo creado por la fuente. El otro, de diseño asimétrico, deriva su encanto de la forma que le confiere la necesidad de dar un manejo a las aguas lluvias.

Popayán, Cauca.

Este sauce parece haber escapado del altiplano, atraído por las condiciones especialmente favorables del jardín semiacuático, en el que también prosperan los lotos y helechos de agua, que esparcen sobre la superficie una pátina de verdor.

Como punto focal de este extraordinario jardín existen una antigua casa de hacienda y las viejas instalaciones de ladrillo cocido que conducían el agua al trapiche. Es notable el equilibrio entre la arquitectura de la casa y la arquitectura utilitaria, el césped de los prados y las masas de vegetación, así como el restringido contrapunto del color. La transparencia a través del vestíbulo hacia el jardín posterior constituye interesante detalle.

Hacienda Piedechinche, Valle
del Cauca.

Este paraíso vallecaucano, de cuyos muros parece emerger el fantasma del escritor, ha dado origen a un singular rito. Todo comenzó en 1923, en Tokio. Un joven estudiante de literatura terminó de leer María, de Jorge Isaacs y, con lágrimas en los ojos, propuso a tres de sus amigos la más romántica de las aventuras: "Si ese país es tan hermoso como lo describe Isaacs, vamos a viajar allí." A los dos meses desembarcaban en el puerto que ostenta el auspicioso nombre de Buenaventura y dos días después cumplían el anhelado sueño: visitar la hacienda El Paraíso, donde transcurrió el idilio de Efraín y María, y observar desde allí el crepúsculo. Así se inició la migración japonesa a Colombia. Setenta años después, estos hijos inesperados de nuestro más célebre idilio literario han establecido un rito sólo comparable con la peregrinación de los Creyentes a La Meca: tan pronto aprenden a caminar, niños y niñas son llevados a conocer la hacienda El Paraíso. El primer patriarca de la tribu dejó constancia de la impresión que les causó, a él y a sus amigos, la histórica visita de 1923: "Sentados en el prado, leímos con mis amigos, palabra por palabra, la historia de ese amor. Y creo que vertimos algunas lágrimas cuando escuchamos el final de la novela: 'Estremecido, partí a galope por en medio de la pampa solitaria, cuyo vasto horizonte ennegrecía la noche.' "

El Cerrito, Valle del Cauca.

Cali, Valle del Cauca.

$\mathscr{E}$l agua y los
grandes árboles del Valle
del Cauca son los dos
elementos preponderantes
en este atractivo jardín.
A la izquierda, abajo, un
sector informal donde se
destaca la magnificencia
de un samán, que cubre
con su sombrío buena
parte del prado, y un
estanque rodeado de
musáceas y otras plantas
amantes del agua.
A la derecha,
aprovechando el desnivel
del terreno, el punto focal
del jardín: la cascada
que termina en dos
cortinas de agua, que
imparten frescura a este
agradable rincón. En
primer plano, dos
buganviles contenidos en
pequeñas macetas no
alcanzan a encontrar las
condiciones óptimas para
su desarrollo.

Cali, Valle del Cauca.

$\mathcal{J}$ardines encantadores que no responden a ninguna regla de composición formal ni de selección de especies, sino que van desarrollándose en la medida en que sus propietarios van familiarizándose con las características del lugar. Desde el punto de vista florístico, lo más interesante de estos jardines es la presencia de ejemplares juveniles de *Cyathea*, o helecho arbóreo, característico de las zonas húmedas de las laderas de nuestras montañas, donde alcanza en su estado adulto un desarrollo comparable al de muchas palmas.

Cali, Valle del Cauca.

rriba se aprecia una portada de aspecto casi salvaje, gracias a los buganviles que la cubren y casi la ocultan. Abajo, un interesante ejemplo que ha sabido combinar elementos de las más diversas procedencias (la caída de agua, el estanque, los bonsais del primer plano y el bambú de la tradición oriental, la balaustrada y las urnas afrancesadas, un tramo de reja de diseño contemporáneo), para crear un todo ecléctico pero de gran efecto paisajístico, donde unos pocos buganviles, convertidos en pequeñas plantas domésticas por la restricción impuesta por el reducido tamaño de las macetas y urnas, constituyen el único toque de color.

Cali, Valle del Cauca.

$\mathcal{B}$uga, la ciudad
señora, conserva
bellísimos patios, frescos y
umbrosos como el de la
izquierda. En los
jardines de Pichichí, con
sus prados y sus
imponentes samanes, ha
encontrado seguro refugio
esta bandada de pavos
reales. Al fondo, un
grupo de esbeltas palmas
zanconas, típicas del
Valle del Cauca.

Buga, Valle del Cauca.

La casa se mimetiza y casi desaparece en medio de la frondosidad del jardín. A la izquierda, un filodendro de anchas hojas palmeadas se enseñorea del sombrío de la araucaria, mientras una cascada de buganvil blanco desciende por el tejado. A la sombra del alero cuelgan canastas con Platycerium (helechos cuerno de venado) de diversas especies. Azaleas e ixoras se destacan en la parte soleada de la glorieta, alrededor de una fuente de excelente diseño e impecable factura. En la media sombra, cattleyas y otras orquídeas epífitas prosperan en las ramas de los árboles. Es perfecta la adaptación de cada especie a su nicho.

Cali, Valle del Cauca.

$\mathcal{R}$incón sombrío al pie de la casa que constituye el medio propicio para una colección de orquídeas que crece en las ramas de los árboles, siguiendo su tendencia natural. El espacio, sombreado y protegido, tiene las características de un gran salón al aire libre y multiplica el tamaño y la utilidad de la terraza.

$\mathcal{E}$l jardín penetra por debajo de la cubierta, que semeja una enorme ala que se extiende sobre el follaje.

$\mathcal{S}$ector más abierto del jardín en donde aparece la pieza de mobiliario más importante de cualquier jardín del neotrópico americano: la hamaca, cuyo diseño original se ha prestado a múltiples transformaciones. De ancestro precolombino, la hamaca sirve para dormir la siesta, para descansar, para el recreo de niños y adultos, para la meditación, para reposo del huésped inesperado.

Cali, Valle del Cauca.

Cali, Valle del Cauca.

El reposo que nunca encontró en vida, lo halló aquí para siempre el Libertador, bajo la sombra de los samanes, esos recios titanes vegetales tan caros a su afecto y tan simbólicos de su temple. El más grande y famoso de todos, el samán de Güere, a cuya sombra acampó en memorable noche todo el ejército libertador, vivo aún hoy, ya era varias veces centenario en tiempos de la independencia.

Quinta de San Pedro Alejandrino. Santa Marta, Magdalena.

M ompox, por
su ubicación estratégica
como puerto del río
Magdalena, ruta de
entrada al interior del
país, fue una de las
ciudades más
importantes de los
españoles en tiempos
coloniales. El progreso
cambió las rutas y
sedimentó el río y desde
entonces, Mompox vegeta
en el sopor del olvido. El
tiempo se detuvo en la
ciudad, pero sus patios
son mudos testigos de las
glorias del pasado.

Mompox, Bolívar.

$\mathcal{E}$n los ardientes
climas del departamento
del Atlántico, sólo la
sombra bienhechora de
los árboles y la frescura
del agua y la vegetación
permiten el disfrute de las
zonas contiguas a la
casa. A la izquierda, un
rincón que encierra un
estanque sombreado por
las hojas de las palmeras,
con una interesante
comunicación visual
hacia zonas más
soleadas del jardín.

Barranquilla, Atlántico.

*L*as hojas de los cocoteros y un grupo de agaves que semejan erizos de mar son el único marco vegetal de primer plano para esta vista de las suaves olas y el muelle en desuso de Puerto Colombia. La presencia de las columnas y sus capiteles confiere al paisaje de este jardín un inesperado toque mediterráneo.

*E*l tratamiento naturalista de la secuencia de caídas de agua, con la presencia de los cantos rodados en los estanques y los helechos y las palmeras en las orillas, imprime a este jardín el carácter de un oasis.

Puerto Colombia, Atlántico.

El contraste entre el agua salada del mar, el agua dulce del estanque y el agua clorada de la piscina parece ser el tema aquí. Una ordenada escuadra de ranas de piedra mantiene el agua del estanque en movimiento y añade una nota cantarina a la monocorde música del mar.

Puerto Colombia, Atlántico.

Barranquilla, Atlántico.

Dos elementos característicos del jardín doméstico barranquillero: el patio sombreado por mangos, con variedad de plantas de follaje en el sotobosque, y el balcón, de blanca balaustrada y piso reluciente, que invita al fresco reposo y la contemplación.

Barranquilla, Atlántico.

$\mathscr{E}$ste antiguo bosque,
donado por los
propietarios de la
Hacienda, que ha sido la
base para el desarrollo del
Jardín Botánico, guarda
un nacedero de aguas
frescas en cuyos estanques
cristalinos prospera una
colonia de camarones de
agua dulce. Este ojo de
agua es el que hace
posible el cultivo de las
colecciones
especializadas del jardín
y es el origen de la
corriente de agua que, en
forma de arroyos,
cascadas, estanques y
acequias, acompaña y
sirve de tema paisajístico
a los recorridos de los
visitantes.

$\mathscr{L}$os rectos troncos
de los cedros sirven de
marco a la antigua
capilla de la Hacienda,
con su arquitectura
ingenua.

Fundación Jardín Botánico
Guillermo Piñeres. Cartagena,
Bolívar.

*oda la
exuberancia de la
vegetación tropical, en
presencia del agua, se
sintetiza en este protegido
rincón donde el agua
hace las delicias de
ciperáceas, heliconias,
lotos y demás plantas
hidrófilas. En el extremo
de las hojas de la palma
se aprecian los nidos
colgantes de las
oropéndolas.

Fundación Jardín Botánico
Guillermo Piñeres. Cartagena,
Bolívar.

L as raíces
tabulares de este titán
constituyen el atractivo
principal de este claro del
jardín. No es infrecuente
observar micos en las
ramas de éste y otros de
los más grandes
especímenes de este
paradisíaco jardín.

Fundación Jardín Botánico
Guillermo Piñeres. Cartagena,
Bolívar.

Cartagena, Bolívar.

El arte de la
restauración
arquitectónica que con
gran acierto se ha
desarrollado en
Cartagena de Indias,
conlleva el de la
restauración de jardines.
Con la misma mezcla de
rigor y licencia con que se
han acometido los
trabajos arquitectónicos,
se han llevado a cabo las
restauraciones de los
jardines y los resultados
han sido de gran interés.
Plantas antiguas, a veces
casi moribundas,
responden a las podas y
tratamientos y adquieren
nueva vida. Las plantas
nuevas se adaptan en
seguida a estos ambientes
amables y protegidos y el
resultado está a la vista
en este grupo de jardines,
en los que el juego de
luces y sombras es el tema
obligado.

Cartagena, Bolívar.

$\mathcal{D}$ebido a las
proporciones de
la arquitectura de la
ciudad antigua, los
patios de Cartagena
tienen una tendencia a la
verticalidad, desconocida
en las demás regiones del
país, lo que les confiere
unas condiciones de
luminosidad propias del
sotobosque. Este ambiente
protegido y de luz difusa
favorece el rápido
desarrollo de las plantas
y produce una atmósfera
suave y propicia al
disfrute a todas horas del
día y de la noche, en la
que los árboles ofrecen sus
frutos a los felices
ocupantes de sus
balcones.

Cartagena, Bolívar.

Cartagena, Bolívar.

El azul profundo de la pileta de este patio parece filtrarse por entre la penumbra de las enredaderas del fondo y escapar por el muro hacia el cielo. Estos interesantes efectos cromáticos han sido posibles gracias a la libertad derivada de los nuevos conocimientos acerca del uso del color en tiempos de la colonia, que contradicen la arraigada creencia en las ciudades rigurosamente blancas, que limitaba drásticamente las opciones.

Cartagena, Bolívar.

Cartagena, Bolívar.

$\mathcal{E}$ste patio, ligero y
airoso como la histórica
casa republicana, tiene
unas proporciones y unas
formas muy distintas a
las de los patios
coloniales. La
correspondencia entre
casa y patio aquí es total:
columnas muy delgadas,
como los estípites de las
palmas; estricto uso del
blanco en los muros y
balaustres y verde en
pasamanos y marcos, tal
como el mármol del busto
y el pedestal y el verde del
follaje de los helechos y
del espárrago. Las hojas
de las palmas se
confunden con las
persianas y los ligeros
calados del segundo piso.

Casa Rafael Núñez.
Cartagena, Bolívar.

*L*a vegetación y la
pátina del tiempo han
suavizado las austeras
líneas de la arquitectura
y de los bloques de piedra
coralina y comienzan a
dar al conjunto una
calidad intemporal. Al
fondo, la bahía y la
ciudad.

*T*ratadas como
terrazas ajardinadas, las
cubiertas planas se
convierten en hermosos
rincones del jardín y en
privilegiados puntos de
observación. La crestería,
que domina las líneas
horizontales de la casa,
habla el lenguaje de la
recia arquitectura militar
de la antigua ciudad.

Casa de huéspedes ilustres.
Cartagena, Bolívar.

Sombreados por el
follaje de los árboles y
recorridos por sutiles hilos
de agua, los patios
interpretan con singular
fortuna, en términos y
lenguaje contemporáneos,
el tema intemporal del
patio colombiano y sus
antecesores, el patio
andaluz y el patio árabe.

Cartagena, Bolívar.

N os alejamos en nuestro periplo por los jardines colombianos, por este sendero, satisfechos pero temerosos por lo que nos pueda deparar el futuro. ¿Hasta cuándo tendremos agua suficiente para los jardines de las próximas generaciones? ¿Podrán nuestros hijos y nietos conocer los ríos y las selvas? ¿Tendrán la fortuna de ver las orquídeas, los anturios, las ceibas y los samanes en los jardines y las montañas, o tendrán que contentarse con ver su belleza plasmada en las láminas de este libro? Quisiéramos poder responder afirmativamente a estas preguntas, pero ello sólo será posible si la sociedad toma conciencia de su responsabilidad ecológica. Dejemos ese legado a los colombianos del futuro.

Medellín, Antioquia.

LOS JARDINES
A LO LARGO DE LA HISTORIA

Los jardines han sido creados
por el hombre y para el hombre.

Con el tiempo, las plantas crecen, maduran o mueren a diferentes velocidades, o cambian de su sitio de origen; su elemento vital es el agua, sin la cual no hay vida ni jardines. Comenzando por el del Edén y a lo largo de la historia, cultivado con arte el jardín es sitio de esparcimiento y relajación. De acuerdo con la época y con su posición jerárquica, el hombre lo ha utilizado para satisfacer su vanidad pero también con fines prácticos. Allí se une lo útil con lo agradable y se combina lo cultural con lo natural. Los célebres Jardines de Babilonia son buena prueba de ello. Durante el auge de los grandes imperios, los jardines, al igual que las artes, recibieron gran apoyo. En la antigüedad, una forma de demostrar el poderío de un imperio era construyendo grandes palacios con jardines en los que trabajaba un gran número de personas. Hoy, en muchos palacios de diferentes lugares del mundo, se han conservado los jardines, con sus características originales y muchos de ellos se han convertido en parques públicos de acuerdo con el cambio de los tiempos.

Los jardines de los palacios por lo general reflejan el espíritu de los pueblos es decir sus costumbres y culturas, y con el transcurso del tiempo ocurren cambios en la suerte de los pueblos, lo que viene a reflejarse también en el estilo de los jardines. Los de Occidente fueron diseñados para despertar la admiración de un público reducido, en tanto que los del Oriente están encerrados en recintos privados, donde el tacto, el oído, la vista y el olfato experimentan un deleite sensual y seductor. En Colombia se encuentran ambas modalidades, como observaremos a través de estas páginas.

En un jardín se sintetizan lo natural y lo cultural, y en nuestro país esto es especialmente cierto. Aquí predominaron por muchos siglos unos pueblos cuyo conocimiento de las propiedades del agua y de las plantas hacía parte de su cultura como cosa natural y autóctona, pero con el arribo de los españoles esa tradición fue abruptamente interrumpida. A partir de entonces, en Colombia se imponen a un ritmo acelerado estilos que en otros lugares tomaron varios siglos para desarrollarse y facilitar el paso de una cultura a la otra. Lo característico de la Colombia actual es precisamente su

mezcla de estilos, sin que ello implique una relación ni temporal ni espacial con una cultura específica. En ese mestizaje cultural coexisten el parque francés con el morisco, con el japonés y con otros de la época actual. Las plantas mismas parecen indicar el tipo de jardín al que desean pertenecer, y si no se aclimatan, simplemente se descartan y el jardinero podrá dedicar su atención a nuevas especies. Nuestro jardín combina, en forma simultánea, tanto condiciones internas como elementos culturales propios de otras partes, y es además un sitio privado y privilegiado a la vez. Para entender esto es necesario hacer primero un recorrido a lo largo de la historia de los jardines del resto del mundo, donde la transición de un tipo de jardín a otro implica una transformación que se produce lentamente y que aquí ocurrió en forma más bien atropellada.

Aunque la influencia de los jardines chinos, con su tradición milenaria, no llega a nuestro país, y a la japonesa sólo la conocemos indirectamente a través de Europa y Estados Unidos, vamos a mencionarlas, ya que por su gran riqueza son parte muy importante de la historia de los jardines.

JARDINES DEL MEDIO ORIENTE Y DEL ASIA MENOR

Dadas las condiciones climáticas de esta región tan seca y de altas temperaturas, sus habitantes, cuya vida transcurre fuera de la casa, son especialmente sensibles tanto al agua como al sol, y al buscar un sitio para guarecerse del duro y áspero ambiente que los rodea, y del clima árido del desierto, para su solaz o para atender los rituales de sus cortes, construyen paraísos llenos de árboles y decorados con pabellones que brinden sombrío refrescante, desde donde se escuche el murmullo del agua.

Aquellas gentes aprovechan las fuentes o riachuelos de montes y colinas para llevar el agua hasta los sitios que desean cultivar o convertir en jardines de esparcimiento o de descanso, para lo cual construyen sistemas de irrigación con canales subterráneos que impiden la evaporación del agua por el efecto del sol y del calor. Las dificultades de construcción de canales y jardines les merecen impor-

tancia especial en el Medio Oriente, importancia difícil de concebir en un país tropical
como Colombia, donde el agua y la vegetación son aún muy abundantes.

Los diseños de significado religioso suelen encontrarse en el Medio Oriente identificados
con el Islam, que, más que una religión, es todo un estilo de vida, que se extiende desde
Persia, a la cual conquista en el año 642, hasta Sicilia y España, y cubre gran parte de la
India, hasta alcanzar en el norte de Africa a todo el Imperio Otomano, llegando hasta las
puertas mismas de Viena. Según el Korán, el jardín es el símbolo del Paraíso, de donde
brotan los cuatro ríos de la vida: el agua, la leche, la miel y el vino. Esta rica tradición se
refleja tanto en los diseños de los jardines como en los de los tapices y en la cerámica, y es observada
de manera diferente en cada región. Su influencia llegó a América del Sur a través de España, nación
que hasta el año de 1492 estuvo bajo el dominio musulmán. Los elementos moriscos y su arquitectura tradicional vinculan a sitios tan distantes entre sí como Agra (el Taj Mahal) y Kashimir (los
Jardines de Shalimar) en la India, con Granada (la Alhambra) en España y Marrakesh (Las Alamedas de Agedal) en Marruecos, por el simple hecho de haber sido construidos por musulmanes y
para uso musulmán. De los mencionados, sólo los de Marruecos continúan siendo de propiedad del
rey, quien los mantiene; los de la India, que fueron expropiados, y los españoles, que están al cuidado del Estado, se han convertido en parques para disfrute público y ornato.

Dado que su acceso era vedado, el común de la gente creía que dichos palacios y sus jardines hacían
parte del Paraíso mítico de que habla el Korán. Las ilustraciones de las miniaturas persas los repro-
ducen con gran fidelidad. Bajo pabellones instalados en sus jardines, maharajaes y príncipes siguen
los rituales de sus cortes y reciben en ellos a sus súbditos quienes, según la costumbre islámica,
pueden acudir a su príncipe, quien oye las peticiones, dispensa favores, atiende a los huéspedes y
nombra generales.

$\mathscr{J}$ARDINES DE LA CHINA

$\mathscr{E}$n la China se combinan el arte de la pintura y el de la jardinería en una tradición milenaria,
pues desde la dinastía Chou (1027 a.C.) hay referencias al respecto. Los jardines eran en esas
épocas símbolos de poder, donde animales y plantas eran recibidos como regalos o tributos de los
pueblos conquistados y representaban al imperio en miniatura. Para el hombre chino es muy impor-

tante vivir en armonía con la naturaleza, y a diferencia del occidental, mantiene con ella un diálogo permanente, sin pretender controlarla por medio de arreglos o esquemas formales sino aprovechando elementos que realcen el paisaje y vibren con él. Para comprender esto basta apreciar la manera china de pensar, en la que el ying y el yang, es decir lo positivo y lo negativo, están siempre balanceados. Tanto en pinturas como en jardines, elementos como montañas, rocas, plantas y agua tienen un simbolismo especial. El ying es lo pasivo y oscuro y se refleja en las montañas y las rocas; el yang es lo activo y luminoso, es decir el agua y las plantas. Las rocas representan lo áspero, masculino e inmortal

y han sido moldeadas por el viento y el agua durante siglos e incorporadas a los jardines para evocar las montañas, cumpliendo así la misma función que las estatuas en los jardines occidentales. El agua, que se asemeja a las arterias de la vida y es suave, profunda y serena, contrasta con las piedras y se asocia con el carácter femenino.

Este simbolismo cuenta con otros elementos que se repiten tanto en la pintura como en las demás artes. El dragón, por ejemplo, habita las nubes, las caídas de agua, los ríos y océanos y controla las lluvias y las inundaciones. Muchas veces las siluetas sobre las paredes de los jardines, en lugar de ser totalmente planas y rectas como en Occidente, son onduladas e imitan los movimientos de la espalda y la cola del dragón. Hay plantas nativas de la China como el bambú, que son símbolo de amistad y longevidad; y la flor de loto que es sagrada en el budismo. Los ciruelos, duraznos, crisantemos, camelias, azaleas y otras plantas son sembradas para adornar con sus flores ciertos sitios del jardín en diferentes épocas del año. Tales elementos se repiten continuamente y aparecen a menudo decorando las porcelanas que llegaron a Europa en los siglos XVII y XVIII y le permitieron una visión de ese mundo tan diferente como es la China.

Durante la dinastía Sung (960-1279) la pintura de paisajes alcanza su mejor momento, y denota una relación especial, desconocida en Occidente, entre la naturaleza y el hombre, quien emplea el jardín para expresar y exaltar su unión con el mundo natural, lo que se refleja en las pinturas que, más que reproducciones fieles de la realidad, son un ejercicio de la imaginación. La especial topografía de sitios como Guilín en el sur de la China, con sus montañas monumentales y los paisajes de sus valles cubiertos de neblina o la variedad de sus lagos y caídas de agua diseminados por el vasto territorio chino, han sido inspiración permanente no sólo para pintores sino también para diseñadores de jardines. Las pinturas de los paisajes se conservan sobre rollos de papel en los que las rítmicas pince-

ladas idealizan esa visión íntima y lírica de la naturaleza, y los jardines se mantienen iguales desde siempre, aun en las épocas más oscuras de la reciente Revolución Cultural, cuando fueron cuidados y mantenidos e inclusive restaurados.

En los jardines chinos la quietud es esencial. Son recintos para refugiarse y meditar o lugares destinados a leer poesía, pintar o conversar íntimamente; allí se salvaguarda la energía interna y se asigna un valor casi que terapéutico a la naturaleza. En sitios adecuados hay pabellones para reposar, tomar el té o contemplar y admirar la belleza de un árbol artísticamente colocado, o para apreciar la tranquilidad de lagos, lagunas y estanques. Mientras los jardines occidentales, como veremos luego, usan las paredes para aislar unos espacios de otros, los chinos las emplean para guardar y preservar energía, y a diferencia de los jardines occidentales, que cambian y evolucionan a través de la historia, los de los chinos fueron hechos para que perduraran. Marco Polo, el primer occidental en viajar a la China entre 1275 y 1292, habla con admiración de los jardines de Hangshou y Sushou, ciudades que por su suave clima y por los canales que las recorren, son de por sí verdaderos jardines, que se han conservado casi intactos desde entonces. Los edificios están colocados en armonía con la naturaleza y sus característicos techos se mezclan con árboles y arbustos. No hay diferencias muy marcadas entre exteriores e interiores, sino que por el contrario, los espacios se complementan el uno con el otro, y existen varios patios, cada uno con su motivo de deleite visual. Lo lineal en pabellones, biombos y cuartos trazados sobre diseños rectangulares, tan común en palacios y casas de habitación, se mezcla aquí sin esfuerzo con lo asimétrico, ondulado, circular, triangular o recto de los

jardines. Los caminos empedrados y las paredes divisorias dentro de los jardines, con sus puertas en forma de luna llena o sus ventanas de variadas figuras, permiten visiones sorpresivas sobre los espacios ocupados por lagos o por plantas, y logran crear ambientes llenos de particular vitalidad y energía.

Es durante la dinastía Ming (1368-1644) cuando se construyen dos de los monumentos más conocidos en Occidente: el Palacio Imperial o Ciudad Prohibida, en el centro de Pekín, y la Ruta Sagrada de las Tumbas Ming, a poca distancia. Más tarde, la tristemente célebre Emperatriz Regente Tz'u-hsi (1835-1908), penúltimo exponente de la dinastía Ching (1644-1912), construye allí cerca el Palacio de Verano. Al igual que en el resto del mundo, éstos son hoy parques públicos donde se admiran pagodas, pabellones, senderos y otros elementos de la milenaria tradición china. A ellos, el gusto de la Emperatriz agregó su toque particular: en el monumental lago del Palacio de Verano se encuentra un buque de tamaño natural, íntegramente tallado en piedra, que parece listo a zarpar.

JARDINES DE GRECIA Y ROMA

Pasando al Occidente y más concretamente a Grecia, encontramos el jardín junto a los santuarios del culto a los dioses. Ya para el siglo VI a.C., en Atenas y durante el helenismo o época clásica griega, el jardín era un sitio de descanso o de ceremonias religiosas, de estudio o de ejercicio. Los gimnasios se encuentran en jardines públicos o cerca de lugares donde se rinde homenaje a los héroes.

Cuando el Imperio Romano conquista a Egipto la influencia del Medio Oriente llega hasta los romanos, quienes la asimilan a su manera, utilizando los patios centrales o "atriums" como espacio esencial de sus viviendas e inician así una tradición de jardines de trazado formal, tradición que tiene su mejor expresión en el jardín de la Villa Adriana en Tívoli, donde se evidencia el encuentro de varias culturas. En sus incansables conquistas a nombre de Roma, desde Egipto hasta Gran Bretaña, el emperador Adriano (76-138 a.C.) se hizo a una considerable colección de estatuas que procedió a colocar en unos terrenos aún más amplios que los de Versalles (450 acres). Las excavaciones realizadas muestran vestigios de estanques, fuentes y piscinas con piso de mármol alimentados de manantiales vecinos, y en el trazado las masas arquitectónicas se destacan contra los espacios abiertos, y árboles altísimos y esbeltos acentúan la belleza de los jardines, donde cada pieza es parte de un todo.

Más adelante, durante el Medioevo, cuando la religión católica se extiende a través del antiguo Imperio Romano, se construyen claustros junto a las iglesias, y en muchos otros lugares se levantan conventos para el recogimiento y la meditación. Es así como las raíces y tradiciones de los claustros cristianos vienen siendo tanto islámicas y griegas como romanas y dan lugar a que sus jardines evolucionen hacia estilos más formales: los del Renacimiento Italiano.

JARDINES RENACENTISTAS

A partir del siglo XIV, y una vez finalizadas las oscuras etapas del Medioevo, Florencia, cuna del Renacimiento, es a la vez cuna de los jardines que hoy día consideramos como clásicos. El hombre renacentista y sobre todo el habitante de la Toscana, inspirado en los jardines romanos, construye jardines exteriores alrededor de sus villas y emplea diseños de líneas verticales y horizontales que delimitan cuadrángulos o "cuartos" separados que traducen las formas tradicionales romanas y trabajan espacios tridimensionales y bidimensionales. Avenidas y callejones cuyas perspectivas convergentes los convierten en una prolongación visual de las puertas y ventanas de las villas, acompañan a los jardines, que edificados sobre terrazas con amplia vista panorámica hacia el campo y sus alrededores, aprovechan la vegetación nativa, en este caso los cipreses, para incorporar el paisaje lejano y abrirse hacia el horizonte.

El Renacimiento florece en Italia bajo el mecenazgo de príncipes como los Médici y los Borgia, sin olvidar a los Papas, quienes desde Roma reinan como cabeza visible del Cristianismo. Muchos jardines que aún perduran fueron construidos en las villas de los señores feudales, y al igual que en la India, aunque por razones diferentes son públicos, con excepción de los del Vaticano. Los de Villa Lante y Villa D'Este son cada vez más elaborados, y predominan en ellos los patrones lineales repetitivos, hasta el punto de que se convierten en tema obsesivo al que se confiere más importancia que al agua, elemento vital de un jardín. Este aspecto imita en cierta forma la ética cristiana, que moldea la naturaleza según una forma predeterminada. Aquellos parques son creados por quienes necesitan sitios frescos durante el verano y requieren un telón de fondo para exhibir sus colecciones de estatuas clásicas y continuar con la tradición que iniciara el emperador Adriano.

Con el paso del tiempo, cada país europeo interpreta los conceptos del Renacimiento a su manera y según su estilo de vida. En Francia, por ejemplo, hay tal predilección por el buen comer, que los jardines mantienen los patrones italianos pero agregándoles huertos para árboles frutales y hortalizas. De todos los jardines el más espectacular es sin duda el de Versalles.

JARDINES FRANCESES

Hacia 1661 se inicia la moda de construir castillos sobre el río Loira siguiendo el ejemplo de Fouquet, Ministro de Finanzas de la corte francesa, quien con ayuda de Le Notre, diseña un espléndido jardín que despierta la envidia del rey Luis XIV, quien no sólo confisca la propiedad, conocida como Vaux le Vicomte, sino que destituye a su Ministro y lo envía a prisión por el resto de su vida.

Para entonces el Rey Sol sólo contaba 23 años y deseaba mantener a sus seguidores ocupados en un solo sitio y alejados de sus propios Estados, para evitar que se dedicaran a la intriga. Ante el reto de Fouquet, decide construir un jardín aún más grandioso y convierte el coto de caza de su padre en el escenario donde su corte pudiera pasear, divertirse y lucirse. El resultado es el magnífico palacio de Versalles con sus jardines, diseñado por el arquitecto Louis Le Vau.

Los jardines de Versalles, cuya influencia sobre el resto de los de Occidente habría de perdurar hasta el siglo XX, fueron diseñados y construidos por Le Notre siete años antes que el palacio mismo, con amplios y extensos parterres, fuentes, piscinas y caminos de agua para crear vistas simétricas cuyo eje principal parte de la alcoba misma del Rey. Se amplía así el concepto renacentista italiano de los jardines encuadrados, con la introducción de arabescos y otras formas complejas, sembradas de flores plenas de colorido que requieren sombrío, dando origen a larguísimos camellones de árboles por los bordes de piscinas y espejos de agua.

La magnitud de las proporciones del Palacio de Versalles es difícil de imaginar. Llegó a tener hasta 3.000 habitantes en un momento dado y para alimentarlos, el Rey Sol empleó alrededor de 2.000 personas en las cocinas de palacio, las cuales se surtían en parte del Huerto del Rey. Su trazado, al igual

que el del resto de los jardines, consiste en un cuadrado principal o Gran Cuadrado con una fuente de agua que, en la época de Luis XIV, estuvo rodeada de veintinueve jardines, cada uno dedicado a un cultivo diferente. Los once que aún existen conservan el aspecto que tenían en el siglo XVII, es decir, plantas bajas sembradas en el centro circundadas por árboles frutales podados en formas artísticas.

Cuando Jules Hardouin Mansart se convierte en el arquitecto del Rey, amplía el Huerto para incluir terrazas por las que éste pudiera pasearse con su corte para admirar sus hortalizas y frutales. En las áreas o "cuartos" que

rodean estas huertas se cultivaban frutos, exóticos para la Francia de la época, aunque no para la Colombia de hoy, como higos, melones, piñas y café entre otros. En ese Huerto, que llegó a tener veintitrés acres y un equipo de treinta trabajadores, funcionan actualmente las Escuelas Nacionales de Horticultura y Diseño Paisajístico, que sólo cuentan con cinco jardineros.

El trazado de Versalles fue cuidadosamente pensado por el mismo Luis XIV, y se ha mantenido intacto durante los tres últimos siglos a pesar de los desastres de las guerras y los cambios políticos que hicieron que lo que fuera un palacio real para la exclusiva expansión de la Corte se convirtiera en un gran parque público.

A partir de 1902 se rompen las tradicionales formas prevalecientes desde la época de Versalles con sus senderos, callejones, canales y parterres, al despertarse el interés por el uso de las plantas, y la gente comienza a apreciar la vegetación nativa y a sembrar flores en forma de paleta de pintor. La tendencia pasa de los diseños geométricos a las formas artísticas y caprichosas de las plantas, cuyos colores complementan los interiores de las habitaciones de las villas.

El empleo de la vegetación nativa se pone de moda en la Riviera francesa en la época en que los millonarios americanos, para huir del frío parisino, pasan allí los inviernos y contratan diseñadores para sus jardines. Partiendo de las terrazas sembradas por generaciones anteriores con olivos y viñedos se imponen nuevos diseños, aparentemente espontáneos. Se echa mano de las pérgolas para sembrarlas de grandes manchas de rosas, jazmines y tulipanes de variados colores; se plantan con esmero y en gran profusión dalias que florecen durante todo el año y rosas que caen en cascadas desde las pérgolas; se llenan terrazas y senderos con cítricos, fresas, lirios e iris; y se dispone la ubicación de cipreses que sirvan de marco al paisaje. Como veremos luego, Colombia ha estado sujeta a un predominante estilo francés desde comienzos del siglo XIX, época en que se independiza de España.

$\mathscr{J}$ARDINES ANGLOSAJONES

$\mathscr{D}$urante el período medieval y por razones de protección y seguridad, tanto Gran Bretaña como Francia e Italia construyeron sus viviendas dentro de lugares amurallados o rodeadas de setos que las mantuvieran alejadas de lo agreste. Sembraban solares de hierbas por razones medicinales y culinarias, ya que era necesario preservar la carne y mantener alejados de los sitios habitables los olores desagradables. En el mundo medieval, lleno de supersticiones, y en especial en los jardines de hierbas inglesas, los diseños se exageran tornándose cada vez más complejos e intrincados, pues se creía que con ello se espantaba al demonio.

Por razones geográficas, Gran Bretaña se mantuvo aislada de los gustos imperantes en Francia y en Italia hasta entrado el siglo XVIII, cuando se puso de moda enviar a los hijos de la aristocracia a una gira por el Continente, de donde regresaban con una nueva interpretación del Renacimiento toscano que glorifica lo mitológico. De esta manera construyeron casas en sitios considerados como "salvajes", a la vez que quienes regresaban de la India traían a las Islas Británicas recuerdos de los

jardines orientales de los maharajaes hindúes con sus cortes esplendorosas y magníficas. Es la época del Imperio Británico, de la reina Victoria y de la arquitectura paisajística, que presta especial importancia a la armonía entre el tamaño de las construcciones y sus alrededores y se edifican palacios como el de Blenheim, rodeados de falsos jardines franceses con fondos pastorales en los que la campiña inglesa luce en todo su esplendor. Los arquitectos del momento crean lagos artificiales y aprovechan las colinas existentes, o construyen otras que se funden con el paisaje en el horizonte, a la vez que siembran frondosos árboles que al llegar a la edad madura mantengan las proporciones precisas pensadas desde un principio. Arboles y arbustos son colocados de manera que presenten una buena vista hacia el paisaje exterior y se construyen amplias y espaciosas terrazas y anchos caminos de piedra o ladrillo que proporcionan una sensación de calma y tranquilidad visual, con aprovechamiento de elementos decorativos de influencia italiana como logias, pabellones de tenis y piscinas formales rodeadas de pisos empedrados bordeados por plantas exuberantes.

Por aquella época, en el jardín inglés, con su gran despliegue de verdor, las flores de colores no reciben la importancia que tienen en Francia pero hacen de aquél un sitio predilecto para pasear y recrearse con la naturaleza, ya que por entonces no se viajaba como hoy. La influencia inglesa habría de perdurar sobre todo en los jardines norteamericanos.

Tanto el período entre las dos guerras mundiales, como la época de la depresión económica de 1930, trajeron consigo la necesidad de planear jardines de fácil manejo que exigieran menos trabajo manual, para lo cual se conjugaron dos de sus elementos más atractivos: la calidad de las praderas y la frondosidad de los árboles. Además de conservar su belleza durante todo el año estos jardines requieren poco mantenimiento y constituyen una forma poco costosa de embellecer un paraje.

Dentro de la tradición anglosajona, los prados sirven de tapete verde que unifica los componentes de los jardines de formas sinuosas logradas con plantas y flores de colores sembradas también en islas o camas juxtapuestas. Grandes manchas de árboles y arbustos de variadas formas, tamaños y colores les dan sustancia y fondo, a todo lo cual se suman elementos de marcada influencia japonesa como jardines de piedra, cascadas y riachuelos cruzados por callejuelas empedradas que desembocan en amplias terrazas, dando así un toque de importancia a las casas de hoy, en las que se impone la moda de árboles y arbustos que florecen una vez al año, tales como los cerezos y las azaleas procedentes

del Japón.

Vale la pena resaltar la relación que se comienza a establecer entre la arquitectura y los jardines japoneses con su milenaria herencia china y el mundo occidental. En el Japón, donde a diferencia de Europa y la China los espacios son muy reducidos, el jardín ha de adaptarse a ciertos principios que tienen en cuenta el gusto estético y la reacción emocional del visitante, y reflejan el concepto zen que busca armonía y reflexión sobre los misterios de la natura-

leza. Por ello, allí también los aspectos técnicos de diseño, construcción y mantenimiento y la manera de aplicarlos a los jardines, son de particular importancia.

Es la época en que pintores franceses como Degas y Monet conocen y estudian los grabados japoneses, cuya influencia se aprecia no sólo en la pintura, sino también en los jardines. De todos ellos, el "Clos Normand", que Monet organizó en Giverny, se destaca por su sólido diseño linear con senderos que lo recorren a lo largo y paralelamente o para encontrarse en ángulos, donde las plantas crecen en tal forma que habiendo sido sembradas a propósito parecen haberse producido de manera espontánea.

Con el tiempo, los altos costos de mantenimiento y las circunstancias económicas obligaron a los ingleses a reducir sus jardines, que se convirtieron en pequeños lugares populares vecinos de los campos de golf o de los clubes campestres, en vez de rodear las grandes y tradicionales casas de campo.

A diferencia de Francia e Italia, en Gran Bretaña, donde perdura la monarquía, muchos de los parques de los palacios y de las grandes mansiones siguen siendo de propiedad particular, y por razones tributarias, sus dueños se han visto en la necesidad de abrirlos al público, con entrada paga para mantenerlos, o han tenido que donarlos a una fundación del gobierno conocida como el National Trust, que se encarga de su conservación.

En el Continente americano, de tradición y formas democráticas, sin reyes ni emperadores interesados en brillar, desaparece la necesidad de construir grandes palacios rodeados de magníficos jardines para uso de unos pocos y se echa de ver el interés por construir parques diseñados para disfrute de un amplio público. Este enfoque del imperio norteamericano que controla ahora el mundo, se inicia con Olmsted, quien viaja a Gran Bretaña durante la época victoriana y visita los jardines privados de su aristocracia. Al regresar, interpreta y traduce al gusto americano, lo que vio y se convierte así en el más grande diseñador de parques públicos en las principales ciudades de Estados Unidos y en el de mayor influencia.

Olmsted diseña los parques de Boston conocidos como el Collar de Esmeraldas, aprovechando el río que atraviesa la ciudad para unirlos por medio de lagos y estanques situados dentro del perímetro urbano. La Universidad de Stanford en Palo Alto, California, cuenta con un amplio y generoso campus, construido también por Olmsted. En el Parque Central de Nueva York combina con tanto éxito el paisaje con las necesidades de la gran ciudad, que cien años después ese mismo parque, tal

como fuera diseñado, continúa siendo no solamente el gran pulmón de la metrópoli sino el sitio predilecto para descanso, distracción y ejercicio de sus habitantes, y haciendo honor a su calidad popular, por allí se pasean con tranquilidad los vecinos de los apartamentos de la Quinta Avenida y quienes llegan por tren subterráneo desde los suburbios de Manhattan. Los grandes árboles, bosques, lagos, senderos y praderas de este extenso parque se ciñen aún al plan trazado originalmente y confirman la visión de Olmsted sobre lo que serían las necesidades de la ciudad en el futuro.

Hacia 1920 hace su aparición en Estados Unidos otra influencia del Viejo Mundo, la del patio romano con raíces árabes, que llega originalmente de España a los países de Suramérica durante la conquista, y que como resultado de la permanencia de los moros en la Península y por la necesidad de resguardarse del clima caliente, era usado como la sala de las viviendas. De México pasa al sur de California, donde se utiliza para prolongar el recinto de

las casas hacia el exterior, aprovechando los mismos materiales del piso tanto adentro como afuera, o utilizando terrazas amobladas en la misma forma que el interior de las viviendas.

Ya para los años treinta, el patio con sus fuentes o espejos de agua cambia de uso y tamaño para dar lugar a las piscinas tal como hoy las conocemos. Es la época de Esther Williams y de Hollywood,

cuando se ponen de moda las piscinas en el jardín de las casas. Para 1950, los jardines de California continúan recibiendo la influencia de México, su vecino del Sur. Estos jardines con su tradición morisca, reciben la influencia de otro estilo de diseño, el japonés, que había llegado un siglo antes con los inmigrantes traídos del Japón exclusivamente para construir las líneas férreas que cruzan el Continente norteamericano.

Por esta misma época aparece un americano, Thomas Church, nacido en Boston en 1902 y criado en San Francisco, quien viaja a Europa en 1927, donde descubre el placer del buen vivir tal como lo conciben y han cultivado durante siglos tanto españoles como italianos, y encuentra también que, al igual que en California, allí es preciso conservar el agua y contar con sitios que ofrezcan sombrío y ayuden a soportar el clima caluroso, cosa que se logra construyendo los lugares de descanso en el exterior de las viviendas. La piscina es, para efectos prácticos, un depósito de agua que Church aplica a sus diseños con gran éxito al regresar a Norteamérica.

A más de ser el creador de un nuevo tipo de jardín, el cómodo y relajante jardín del siglo XX donde no existe la simetría y donde la sencillez es la nota predominante, Church cree también en una relación clara entre casa y jardín y emplea como principio fundamental de diseño la unidad entre éstos, lograda mediante la alternación de superficies blandas y duras. Igualmente son importantes para él las excelentes proporciones y contrastes entre sí de la escala de las casas, la altura de las plantas y lo inmenso del paisaje; entre las superficies duras de pisos y terrazas y la fragilidad de las plantas; y entre la luz en juego con la sombra. Considera igualmente que el jardín y la casa deben acomodarse al estilo de vida de sus dueños y formar parte de la naturaleza del contorno. Esta es una concepción que se impone en el diseño de los jardines contemporáneos y que adquiere fuerza en los Estados Unidos y en Europa a partir de entonces.

También por estas épocas pero en otro lugar de los Estados Unidos, concretamente en Michigan cerca de los Grandes Lagos, se inicia un movimiento que se aleja de la forma europea tradicional de diseñar jardines y se acerca a lo nativo y a las necesidades e intereses de la zona. Su principal exponente es el famoso arquitecto Frank Lloyd Wright, quien hace realidad estos conceptos al diseñar el Parque Columbus de Chicago, donde, como en las casas que él construye, integra lo natural con lo hecho por el hombre y concede especial importancia al agua al trazar cascadas y riachuelos tan naturales que no es posible diferenciar dónde termina el jardín y dónde empieza la naturaleza en su estado original. Se inicia así con ello la costumbre de sembrar plantas nativas en los jardines, en los que hoy prima el interés de integrarse a la naturaleza, originado en la idea japonesa con su visión zen de la vida, sumado esto al deseo de apartarse de lo planeado o encasillado en forma predeterminada como lo encarna la idea cristiana de un ser superior que todo lo controla.

De esta manera se cierra en los Estados Unidos el ciclo que conjuga las antiguas tradiciones orientales con las costumbres europeas. En su momento y en una u otra forma tales influencias llegan a Colombia por caminos diferentes.

LOS JARDINES COLOMBIANOS

Es bien difícil situar los parques y jardines colombianos dentro del breve recorrido que sobre el diseño de jardines del resto del mundo hemos hecho hasta aquí. Para comenzar, nuestra tradición autóctona tiene raíces que no aparecen en lo que va de este relato porque nacieron de otras culturas muy antiguas en las que la admiración por el espléndido panorama de las montañas que rodean cada hábitat, de selva exuberante o de llanura tropical, era evidente.

LO PRECOLOMBINO

Colombia sólo comienza a integrarse a lo europeo en los últimos quinientos años de su historia. Las costumbres generadas en sus culturas nativas y la integración con la naturaleza, fueron en su mayor parte brutalmente arrasadas, a la hora del descubrimiento y de la conquista de América, razón por la cual no es mucho lo que puede aportarse para la historia de los jardines colombianos. Una de las más antiguas de esas culturas, la Tayrona, fue desterrada a partir de 1501, pero por fortuna, no sólo quedan descendientes que aún mantienen algunas de las costumbres tradicionales, sino que las ruinas de lo que fuera Ciudad Perdida, descubiertas en 1976, evidencian la existencia de un pueblo con un profundo conocimiento de la naturaleza y sobre todo del valor del agua y de la necesidad de preservarlas ambas en su estado original. Su territorio se extendía desde la orilla del

mar hasta el pico más alto de la Sierra Nevada. Los tayronas hacían ofrendas a sus dioses de un extremo a otro de su territorio, de diferentes climas y alturas, y a medida que fueron alejados del mar, tuvieron que abandonar sus tradiciones y dejar de sembrar a distintas alturas y en sitios diferentes cada año, para sobrevivir como pueblo sedentario.

Buritaca o Ciudad Perdida tiene más de doscientas terrazas que dan cuenta de un manejo equilibrado entre lo agrícola y lo topográfico. Es un conjunto de más de doscientos cincuenta caseríos levantados en medio de la selva, con un criterio estético realmente extraordinario. Las aldeas, de diferentes tamaños, están interconectadas por medio de terrazas y caminos de piedra, y desde la terraza principal situada en lo más alto, se domina con la vista a las demás. El agua se canaliza para prevenir la erosión, y hay un excelente manejo de ríos, riachuelos, manantiales o nacederos de agua con fines agrícolas y de preservación.

Caminos y puentes se construyen e integran arquitectónicamente con el exuberante paisaje tropical en una manera de la que no tenemos conocimiento en ninguna otra parte del país y hasta podríamos pensar que quizá tampoco en algún otro lugar de la tierra.

La maravillosa cultura tayrona viene a añadirse a la de San Agustín en el Huila, donde las esculturas de piedra monolítica evidencian tradiciones funerarias. Con excepción del Bosque de las Estatuas, cuya distribución dentro del parque es reciente, lo que existe en otros sitios, tales como El Alto de los Idolos y Mesitas fue obra de los primeros habitantes dentro de lo que hoy comprende el parque, creado todo con un sentido más religioso que de admiración por el paisaje. La importancia del agua como origen de la vida y como elemento sagrado, es evidente en la Fuente de Lavapatas con sus grabados sobre las piedras de la

quebrada del mismo nombre. Por razones antropológicas y arqueológicas, el amplio parque natural de San Agustín es de los pocos que reciben atención de parte del Estado. Allí puede apreciarse cómo las costumbres religiosas de las antiguas culturas incluían un gran respeto por todo lo que constituye el medio ambiente.

La práctica de dibujar (pictografía) o grabar (petroglifo) sobre piedras se repite a lo largo y ancho de Colombia, aunque sólo en San Agustín se encuentran estatuas en lugares donde hay rocas apropiadas por su tamaño, que completan la belleza del paisaje. Pinturas o grabados de origen precolombino son otros de los testimonios de la antigua y avanzada cultura agustiniana, con paisajes de tal belleza, silvestres y exuberantes, que llevan a pensar en las llamadas Piedras de Tunja, cerca de Bogotá, en las de Pandi, igualmente en Cundinamarca, o en los Petroglifos del Amazonas, imponentes piedras que sólo emergen cuando desciende el caudal de los ríos.

Pasando a México, asiento de otra de las culturas avasalladas por España, encontramos las famosas islas-jardines de Xochimilco, también de origen precolombino y originalmente dedicadas a cultivos de hortalizas y flores que proveían a Tenochtitlán, la capital del Imperio Azteca y que han sido declaradas patrimonio de la humanidad. Allí, un proceso de recuperación tiende a reconstruirlas y a volverlas a su estado primitivo. Colombia cuenta dentro de lo precolombino con elementos no bien conocidos, que evidencian grandes adelantos hidráulicos como es el caso de los Canales del río San Jorge en el Sinú, donde nuestros antepasados adecuaron más de 500.000 hectáreas para siembra, lo que nos lleva a pensar que nosotros no solamente no hemos aprendido de ellos, sino que ni siquiera los recordamos cuando hablamos de las tradiciones de nuestro pasado agrícola.

Lo que es evidente en las culturas mencionadas, es que la vegetación era parte integrante del hábitat del hombre precolombino, que la apreciaba y la sabía manejar. A diferencia de los parques del Medio Oriente o de Europa, que fueran originalmente aristocráticos jardines de palacios y mansiones, o de los norteamericanos que se diseñaron desde un principio para disfrute público, algunos lugares que se destacan por su fauna y su flora fueron declarados parques naturales por el Estado colombiano, con el compromiso de cuidarlos y preservarlos de una incontrolada depredación que no cesa. El de La Macarena y el de la Serranía de Utría, unido al de los Katíos, cerca de Panamá, declarado hace poco por la Unesco patrimonio de la humanidad, son otros de los parques que se encuentran en peligro de una lenta pero segura destrucción.

LO COLONIAL

𝒞on la conquista española llegan a nuestro país las primeras influencias europeas y más particularmente las del Mediterráneo, y no obstante las marcadas diferencias de clima y vegetación, la arquitectura mantiene la tradición del cortijo andaluz prácticamente sin cambios, tanto en las ciuda-

des que se fundan, como en las haciendas de los encomenderos que se establecen a lo largo y ancho del territorio.

Una de las ciudades que mejor han preservado el modelo de jardín enclaustrado morisco-medieval que llegara con los españoles en el siglo XVI, es sin lugar a dudas Cartagena de Indias. En 1969, cuando los arquitectos de la Universidad de los Andes, conscientes de la importancia de la ciudad comenzaron a elaborar planos arqui-

tectónicos, la ciudad se hallaba en franco deterioro, pero las casas del recinto amurallado conserva-
ban su estilo original, y según su importancia, contaban con uno o más patios interiores que propi-
ciaban la intimidad de las viviendas. Debido a los varios asedios que padeció Cartagena, la mayor
parte de las viviendas tenían su propio aljibe.

Al renovarse el interés por esta Cartagena amurallada, muchas personas provenientes de otras ciudades y principalmente bogotanos para escapar al frío de la Sabana, comenzaron a restaurar casas
para usarlas como sitios de vacaciones y mantuvieron el carácter reminiscente de los jardines orien-

tales a los que fueron añadiendo elementos contemporáneos. Fue así como
los aljibes se convirtieron en piscinas rodeadas de plantas vernáculas y vegetación exuberante de follaje tropical que no requiere mucho cuidado, y es la
más apropiada para estos patios, de tamaño más bien mediano, que permiten
a sus ocupantes descansar lejos de los actuales ajetreos, al igual que los habitantes del Medio Oriente, que se refugian en sus jardines para escapar del
clima árido y caluroso del desierto.

Al recuperar la ciudad su aspecto antiguo, aparecieron los colores originales en los vetustos muros
que contrastan con los buganviles de fuertes tonos y con otras flores de la región, a lo que se agregan
arbustos y árboles de diferentes tonalidades de verde y de gran variedad de hojas. Mangos frondosos,
palmeras, plantas de bambú o plátanos, aparecen por doquier.

En el resto de Colombia, las casas coloniales de ciudades como Mompox, Cartago, Honda o Mariquita
y muchas otras mantienen el trazado andaluz de patio central rodeado de habitaciones, con un segundo y un tercer patio para el servicio y la cocina. Según su tamaño y la importancia de sus dueños,
conservan patios y solares con árboles frutales, caballerizas y gallineros.

En ciudades de clima templado como Santa Fe de Antioquía, Barichara, Girón o Buga, igual que en
Cartagena se transforman las viviendas coloniales en sitios para vacaciones, donde la vida transcurre
tranquila y sosegada. Los patios, con su fuente de piedra al centro, son cuidados con el gusto y el cariño
que también se profesa por las plantas. Cuando se trata de patios interiores con espacios reducidos, los
jardines se proveen de tiestos o materas en las que lucen mejor las plantas nativas más bellas de la
provincia, como jazmines, orquídeas y begonias, todo en una hermosa variedad de colores. Ramilletes
de helechos cuelgan en los corredores, y como cascadas caen por las paredes los buganviles, mientras
los rosales parecen trepar los viejos muros. Nichos dedicados a los santos son frecuentes en jardines
populares donde estatuas de dioses paganos parecen en coloquio con otras de la Virgen María.

Las características anotadas se repiten en ciudades de clima más frío como Tunja, Pamplona o Bogotá, donde en los patios principales, en los que sólo cambian las variedades vegetales, a los novios, geranios, llamas, enredaderas de hiedra, agapantos, azucenas y cartuchos se suman las plantas de zonas templadas y calientes que se logran aclimatar. En los solares interiores se encuentran el tradicional brevo, el cerezo y el papayuelo, acompañados del cidrón, la mata de mora y la yerbabuena, además de otras hierbas de uso  culinario o medicinal de acuerdo con los gustos de su dueño, y hortalizas y árboles frutales como duraznos y manzanos.

Algunas casonas, con su innegable aire español, que son asiento de tradiciones y de historia, han sido recuperadas por el Estado o por algunas fundaciones para convertirlas en museos. La del Fundador y la del Escribano don Juan de Vargas en Tunja y la de las Marías en Pamplona, que alberga la colección de esculturas del maestro Ramírez Villamizar, tienen hoy lindísimos jardines que reflejan el grande amor que se tiene por las plantas de la región.

De otra parte, durante la Colonia, con el fin de establecerse en los resguardos que les fueran asignados, muchos españoles se dispersaron por lo que hoy son los departamentos del Cauca, el Valle, el Tolima, Cundinamarca, Boyacá y los Santanderes, lugares donde construyeron viviendas de cierta importancia de acuerdo con el tamaño de su encomienda y con arreglo a los cánones de la arquitectura andaluza, independientemente de los climas, más bien austeras tanto en el estilo como en la decoración de sus jardines, mientras los patios conservan el ambiente y tradición de las ciudades.

Desde los corredores se aprecia el horizonte lejano con la imponente cordillera azul grisácea a lo lejos o se admira el jardín inmediato a la casa, edificada por lo general al pie de las montañas o en los promontorios, desde donde se domina el paisaje. La casa está separada del jardín por altos muros de tapia pisada a manera de protección en clima frío, o de vallados y cercas bajas de piedra en las tierras templadas y calientes.

Más que viviendas señoriales, estas casas de hacienda situadas a considerable distancia de pueblos y ciudades, eran parte de latifundios autosuficientes dedicados a la agricultura, y se parecían a las mansiones feudales europeas aunque eran más pequeñas. Varias de ellas pueden visitarse. En el Valle del Cauca, la de Piedechinche, ahora Museo de la Caña, es un ejemplo de hacienda donde se escucha permanentemente el ruido sonoro del agua que corre en abundancia por las acequias, para fluir tranquilamente por las cañadas aledañas luego de haber servido su propósito en los trapiches. Desde los balcones de la casa de El Paraíso, que fuera una vez parte del mismo Piedechinche, se domina el paisaje vallecaucano, por encima de las bajas paredes de piedra que delimitan el recinto. Muchas casas de hacienda están enmarcadas aún por centenarias y frondosas ceibas, samanes, robles, acacias, guayacanes, guácimos, carboneros y yarumos.

En Bogotá algunas haciendas fueron absorbidas por la ciudad aunque la de El Chicó continúa aislada del ruido citadino gracias a un amplio parque donado a la capital con gran visión por la última dueña de la hacienda, doña Mercedes Sierra de Pérez. No obstante, otras haciendas como la de Cañasgordas cerca de Cali, no han tenido igual suerte, pues carecen de parque protector, aunque frondosos *Ficus benjamin* le sirven de compañía mientras en sus patios interiores se conserva intacta la alberca rodeada y casi perdida entre enredaderas que se desgajan desde los muros que la encierran. Hay otras casonas como las de Suescún, Baza y El Salitre, en Boyacá, que últimamente han sido destinadas a hoteles. Altos muros de tapia pisada guardan el recinto de aquellas mansiones separándolas de los potreros, y encierran solares destinados a huertas de hortalizas o de flores de corte, árboles frutales, o gallineros, según las características de la región.

Finalmente, hay muchas casas de hacienda en todo el país que pertenecen aún a los descendientes de sus primeros dueños, herederos que las cuidan y conservan y a cuyos jardines han ido agregando los nuevos diseños que traen del exterior. Muchas de aquellas casas solariegas tienen hoy bellas alamedas de palmeras, cauchos, magnolios o eucaliptus inspiradas en el gusto francés, o patios repletos de geranios de una gran variedad de colores. La Ramada, El Colegio, Casablanca, el Puente del Común, Venecia, Aposentos y muchos más, son nombres que hacen parte de la historia del campo colombiano y evocan la memoria de sus propietarios originales y amorosos propulsores.

LO EUROPEO

Con la independencia de España llega a Colombia el gusto por lo francés, introducido por quienes como Bolívar, Santander y Nariño admiraban profundamente a ese país, gusto que se refleja no sólo en la manera de pensar de los colombianos en este aspecto, sino también en su forma de vivir. Es así como en patios y jardines de las casas de estilo colonial van apareciendo simultáneamente y sin

orden cronológico los esquemas tradicionales europeos que tardaran tanto tiempo en desarrollarse en su propio territorio tal como lo vimos en la primera parte de este texto. Aquí dichos esquemas han sido considerados bajo la denominación de republicanos para distinguirlos de lo colonial español.

La casa de la hacienda de El Chicó, que ya mencionamos, es de los mejores ejemplos, pues mantiene en el patio principal su trazado de clásico patio andaluz, con fuente central de azulejos, rodeada de hortensias, naranjos y tiestos de geranios. En los jardines exteriores, de acuerdo con los gustos de sus dueños de los últimos tiempos, aparecen trazados afrancesados con "cuartos" llenos de flores separados por setos de mirto podado, en una mezcla de estilos que evocan el Renacimiento italiano y lo combinan con lo morisco. Algo similar ocurre en la Quinta de Bolívar, donde la alberca es alimentada por un manantial y en cuyos jardines se yerguen centenarios cedros, altos y esbeltos, mientras desde su mirador se aprecia imponente el cerro de Monserrate, del que descienden frías ráfagas de aire.

Al abandonar la arquitectura formal española se ponen de moda las quintas de recreo que imitan a las de la Riviera francesa o italiana y son construidas de madera, prefabricados metálicos importados y techos de zinc y rodeadas de amplios jardines planeados para esparcimiento y descanso, construcciones de las que quedan pocos ejemplos. En Medellín, para aprovechar su delicioso clima, el industrial Diego Echavarría Misas construyó la que hoy es una casa museo con sus jardines europeos. En Bogotá, Villa Adelaida es quizá la única que queda de las muchas quintas afrancesadas que había sobre la carrera 7a. o sobre la Avenida de Chile, de jardines con elegantes verjas de hierro a través de

las cuales podían apreciarse árboles y flores, edificaciones de las cuales fue un modelo el desaparecido Castillo Camacho, y que dieron paso a altos edificios, con lo que aquella zona, al igual que otras en Bogotá, vino a registrar una radical transformación.

Con un clima privilegiado, algunas regiones de Antioquia y la zona cafetera en medio de las cordilleras, se han distinguido por la exuberancia y por la generosidad de su suelo, y en los jardines de las casas se ve reflejada la mano de su dueño. Corredores impecables, llenos de brillante colorido, dejan asomar masas de flores de colores, sembradas con orgullo para ser vistas y admiradas por todo el que pasa. Jardín, pueblo de Antioquia de raíces coloniales y republicanas, hace honor a su nombre. En las ventanas de las casas su dueña exhibe las plantas más lindas, y en los lugares interiores macetas de flores embellecen barandas y corredores. El cuidado de la plaza pública convertida en bello parque es tal vez ejemplo único en el país. Preocupados por proteger a Jardín sus habitantes, con gran civismo y amor por la naturaleza y por los valores arquitectónicos de la población, promovieron y obtuvieron que fuera declarada patrimonio nacional.

La zona cafetera del Viejo Caldas, con sus características peculiares, es en sí misma un paisaje. Desde cualquier sitio se admiran los cafetos plantados en hileras que siguen las ondulaciones de colinas y montañas, mientras yarumos, tulipanes, mamoncillos, pomarrosos y otros árboles nativos engalanan las casas sin que se eche de ver intervención de lo foráneo.

Pueblos y ciudades, en Colombia tienen por lo general su plaza principal frente a la iglesia. Viene a la mente la plaza de Gigante, en el Huila, cuya enorme ceiba la cubre con su ramaje en buena parte, y la Plaza de Caycedo de Cali con sus esbeltas Palmas Zanconas típicas del Valle. Los parques públicos de Bogotá están entre los pocos que fueran concebidos desde un principio como tales, sólo que, a diferencia de los norteamericanos, sus trazados siguen el modelo francés. El tamaño de algunos llamados parques, como el de los Mártires o el de España, apenas alcanza el de las plazas principales de otras ciudades. Otros de mayor extensión, como el Parque Nacional, que data de 1931, están cada vez más relegados al olvido o han sufrido muchos cambios, como ha ocurrido con el Parque de la Independencia, que en las primeras décadas era el principal de la capital, con las bellas verjas de hierro que lo encerraban como a los parques londinenses o parisinos y con los senderos que conducían a los bustos de los próceres de la independencia. Algunos de esos bustos han desaparecido y el parque continúa en tal decadencia que nadie sabe a quién corresponden los pobres y abandonados monumentos.

LO CONTEMPORANEO

*E*n la actualidad en Colombia se fusionan muchos de los estilos aquí mencionados y no existe orden cronológico alguno, pues sólo se nota un movimiento hacia lo regional y lo nativo, y esa manera de ver el jardín como refugio es característica del resto del mundo actual. Hoy se busca un patio adornado con buenas plantas o un sitio agradable donde desayunar o almorzar, que exija poco cuidado. Nadie intenta copiar a Versalles, y más bien se prefiere sembrar bulbos y plantas de corta o larga duración y de fácil mantenimiento que llenen las necesidades del momento; pero cualquiera que

sea la razón para tener un jardín, no basta con sembrar plantas bajo los árboles unido todo por senderos, sino que es necesario establecer una estructura de diseño que permita la construcción de bellos parques y jardines.

Lo importante es el panorama general, para conseguir lo cual es indispensable aprender todo lo relacionado con los grandes jardines del Renacimiento y agregarle conceptos contemporáneos como por ejemplo los contrastes entre hojas de tonos grises y verdes y el uso de colores sutiles al sembrar ciertas plantas, para que cuando florezcan puedan lucir cual tapices de colores. La elegancia de un sauce contra una pared, o la de un gran árbol contra el horizonte, son detalles que constituyen elementos de gracia y de belleza.

Una vez concebido el diseño básico de un jardín, debe contarse con plantas adecuadas a las condiciones locales o aprovechar lo nativo agregando plantas de otros lugares del mundo de climas similares, que puedan adaptarse fácilmente. En esto Colombia ha sido un país privilegiado dada la exuberancia de su flora y de las ventajas que se desprenden de su posición geográfica, con climas sin estaciones extremas durante todo el año, circunstancia poco apreciada y más bien ignorada.

La magistral jardinería de los ingleses, y los otros estilos vistos hasta ahora, se combinan con la arquitectura y el paisaje para lograr atractivos jardines contemporáneos. Esa generosa tradición anglosajona de dejar las plantas a la vista del público, no se observa en Colombia, donde todo continúa recogiéndose en una intimidad limitativa, de tal manera que los jardines de las casas o de las haciendas existentes desde la época de la Colonia o construidas luego, jamás están abiertos a la calle.

Según su tamaño y proporciones, despliegan amplios y verdes céspedes a cuya orilla se han sembrado o preservado gigantescos árboles nativos, como cedros, robles o magnolios, dependiendo de la región. Las montañas al fondo contrastan con el negro macizo de cauchos y eucaliptus, y el dorado de los sauces pasa a formar bellos conjuntos que rodean las casas a donde los fines de semana se trasladan sus propietarios.

Mientras las casas coloniales eran más bien austeras y carentes de pretensiones, las que se construyeron después en zonas privilegiadas y ricas como Antioquia y los Santanderes, son más sofisticadas. En Bucaramanga, conocida como la Ciudad de los Parques, perdura la influencia de la inmigración alemana, influencia que llegó hasta el jardín de El Gallineral, en San Gil, donde permanece vivo el interés por conservarlo y por acrecentar su encanto y su belleza. En lugares de recreo de clima medio donde nunca falta el sonido de una caída de agua, se une lo útil con lo decorativo, y en sitios de descanso en la Sabana de Bogotá, tales como Tabio y Chía, o Rionegro cerca a Medellín, donde crecen flores de exportación, hay amplios jardines cultivados con modernas tecnologías. Allí las flores del jardín están sembradas y distribuidas estéticamente cerca de lagos y de estanques y con el doble propósito de conjugar lo útil con lo estético.

Cerca de Bojacá hay una hacienda modelo en lo que al cultivo de flores en Colombia se refiere. A diferencia de las demás, sus amplios jardines están trazados formando perspectivas convergentes, con salas o estancias del más puro estilo francés y separadas por altos setos de pinos cipreses cuidadosamente podados. Estanques de agua y terrazas se intercalan con avenidas de altísimos y esbeltos eucaliptus que crecen a su antojo y acentúan la formalidad del diseño, dándole perspectiva.

En Colombia, los campos de golf y los conjuntos de vacaciones para uso limitado suplen en parte la función de los parques públicos del Medio Oriente y de Norteamérica, y aunque desafortunadamente sólo tenga acceso a ellos una pequeña parte de la población, son admirados por la belleza de sus jardines. Campos de golf como los de los clubes campestres de Cali, Bucaramanga, Barranquilla, Medellín y Bogotá hacen alarde de excelentes praderas del

más puro estilo anglosajón, donde los árboles nativos de cada región están siempre presentes, pues los arquitectos paisajistas, venidos especialmente para construir estos lugares de recreo y deporte, los tuvieron en cuenta por su belleza y por sus particulares características, tan diferentes a las de los parques públicos de otras regiones del mundo.

Y ya para terminar, mencionaremos los Jardines Botánicos con sus colecciones de plantas exóticas, a los que sí tiene acceso el público en general. Se destacan los de Bogotá y Medellín, el de Matute, que fuera casa-quinta de la familia Gutiérrez de Piñeres, jardín legado a la ciudad de Cartagena, y el parque Elías Muvdi, donado a Barranquilla. Es finalmente en los jardines donde mejor se aprecia cierto estilo de vida colombiano que no ha olvidado lo heredado de europeos y norteamericanos y que está comenzando a darse cuenta de la riqueza de su antigua cultura. Luego de quinientos años, los jardines de ahora están conjugando lo extranjero con lo autóctono con miras a hallar y definir su propia identidad.

CECILIA MEJIA HERNANDEZ

$\mathcal{B}$IBLIOGRAFIA

ADAMS, William Howard. *Nature Perfected: Gardens Through History*. Abbebille Press, Nueva York, USA, 1991.

BARNEY, Benjamín y RAMIREZ, Francisco. *La Arquitectura de las Casas de Hacienda en el Valle del Alto Cauca*. El Ancora Editores. Bogotá, Colombia, 1994.

BRAZILLIER, George and the Jewish Museum. *Convivencia: Jews, Muslims, and Christians in Medieval Spain*. The Jewish Museum, Nueva York, USA, 1992.

BROOKES, John. Guía Completa de *Diseño de Jardines*. Naturart, S.A. Barcelona, España, 1992.

BROOKES, John. *Gardens of Paradise: The History and Design of the Great Islamic Gardens*. Meredith Press, Nueva York, USA, 1987.

COHEN, Joan Lebold and COHEN, Jerome Alan. *China Today: and her Ancient Treasures*. Harry Abrams Publishers, Nueva York, USA, 1975.

GARCIA GOMEZ, Emilio y BERMUDEZ PAREJA, Jesús. *La Alhambra: La Casa Real*. Albacín/Sadea Editores, Granada, España, 1969.

GRAY, Basil. *Persian Painting*. Editions d'Art Skira, París, Francia, 1961.

GUNN, Fenja. "Gardens of their Time and Ours": *Country Life*. Londres, Inglaterra, julio 28, 1994.

HAAS, Antonio. *Jardines de México*. Editorial Jilguero, México. 1993.

MEJIA, Cecilia. Notas de viaje por Inglaterra, Marruecos, Irán y Egipto, 1974-1975; India, 1975; China, 1981; España y Portugal 1980; Estados Unidos, 1958-1995; Europa 1963-1994; Colombia 1985-1994.

MEJIA, Cecilia. Notas y apuntes de conferencias dictadas por John Brookes, Seminario sobre Diseño de Jardines. La Napoule, sur de Francia, abril, 1994.

MEJIA, Cecilia. Borrador de una "Propuesta de Declaratoria del Territorio de la Sierra Nevada de Santa Marta como patrimonio de la Humanidad", para ser presentada por Colcultura ante la Unesco. Bogotá, Colombia, 1994.

MITCHELL, Angus y BELL, Tom. Spain: *The Best of Spanish Interiors, Gardens, Architecture, Landscapes*. Little, Brown and Company, Nueva York, USA, 1990.

ONDAATJE, Michael. *The English Patient*. Random House, Nueva York, USA, 1993.

POOL, Mary Jane. *The Gardens of Florence*. Rizzoli, Nueva York, USA 1992.

RAVER, Anne. "Cuttings": *The New York Times*. Nueva York, enero 22, 1995.

REELUS, Eliseo. *Viaje a la Sierra Nevada de Santa Marta*. Presidencia de la República, Comisión Preparatoria para el V Centenario y Colcultura, Bogotá, Colombia, 1992.

REYNOLDS, Catharine. *The New York Times*, pp. 8 y 9. Nueva York, USA, septiembre 11, 1994.

WHITSEY, Fred. "Where Wharton Led...". *Country Life*. Londres, Inglaterra, julio 7, 1994.

ZAWISZA, Leszek. *Breve historia de los jardines en Venezuela*. Oscar Todtmann Editores. Caracas, Venezuela. 1990.

$\mathscr{I}$NDICE DE FOTOGRAFOS

Las fotografías de este libro fueron realizadas por
Claudia Uribe Touri,
a excepción de:

Jeremy Horner
Páginas: 18, 26, 32, 33, 44, 45, 46a, b, 47, 52, 99, 101, 102a, b, 103,
116, 117, 118, 120a, b, 121a, b, 122a, b, 123, 124, 125a, 131, 154,
156a, b, 157, 159, 176, 177, 185, 186, 187, 192a, 224.

Antonio Castañeda Buraglia
6, 8, 12, 13, 38, 39, 51, 54, 55, 63, 68, 82, 83, 98, 100, 109a, 128,
146, 149, 150, 161, 168, 169a, 172, 181, 195, 196a, b, c, 197.

José Fernando Machado
96, 97, 142a, b, 143, 153, 155, 158, 200a, b, 201, 202a, 204, 205a, b,
208, 209a, 210b, 211, 212, 213a, b, 215, 216b, 218a, b, 219, 221.

Pilar Gómez
1, 20, 42, 53, 104, 202b, 203, 206, 207a, b, 209b, 210a,
214a, b, 216a, 217, 220b.

Guillermo Molano
10, 22, 36b.

Jorge Eduardo Arango
138, 144, 145, 147, 148.

Diego Miguel Garcés
152a.

David Giraldo
220a.

Diego Samper
40a.

Fernando Correa
183.

Decora-Semana Colección.
Antonio Castañeda Buraglia 12, 13, 87a.